DELIA MÜLLER

SIEBEN HÄUSER

ÜBER DIE ANGST

MIT EINEM VORWORT VON

PETER WAWERZINEK

chili verlag

Im chiliverlag erschienen (Auswahl):

DEUS IUDEX MEUS, Ralf Seeger, Autobiographie

Vorübergehend nicht erreichbar – Über Kontaktabbrüche

Lichtläufer, Gerwine Ogbuagu, Historischer Roman

suchtraum, Sandra Stubbe, Roman

Fassadenflucht – Politische Dichtung der Gegenwart II

Herzschlaf, Gedichte und Kurzprosa über Trauer, Trost und Hoffnung

Stimmwirbel, Gedichte, Michel Ackermann

Machen! Silben, Sätze, Sensationen, Marc Mandel

Gatti – Katz'n, 21 krasse Katz'nstories

Kodex Rosebud, Hans-Jörg Kühne, Roman

Abschreibungen, Satirisches und Lyrisches von Stefan Krückmann

Provozia, Ronald Zieger, Roman

Schwellenbrand, Helena Ende, Roman

wir wölfe – Gedichte, Eine poetische Hommage an unsere Tierwelt

Verstummung, Tier- und Naturschutzkrimis

Pappalappa Mirzapan, Gedichte für besondere Kinder

Tanze mit Raketenschuhen – Dance with Rocket Shoes, Alex Dreppec

ERROR SIX in India, Herbert Schoppmann, Roman

Kammer der Tränen, Ingo-Maria Langen, Vatikanthriller

1. Auflage März 2017

franchili / 49

Lektorat, Gestaltung, Layout: chiliverlag

Detaillierte bibliographische Daten sind unter http://dnb.ddb.de bei der Deutschen Nationalbibliographie abrufbar.

ISBN 978-3-943292-51-0 www.chiliverlag.de

Für meine Tochter
Cayen Müller
und die
LIEBE

in Gedenken an:

André Greiner-Pol

Mohan Rai

Helmut Ruge

INHALT

VORWORT

Peter Wawerzinek

Zum Buch: Sieben Häuser – über die Angst

Angst beflügelt den eilenden Fuß, heißt es bei Friedrich Schiller, und Oscar Wilde behauptet gar, die Wurzel des Optimismus sei Angst. Ich halte es oft im Leben mit Jean Paul, der von den menschlichen Ängsten folgendes weiß: Der Furchtsame erschrickt vor der Gefahr, der Feige in ihr, der Mutige nach ihr.

Meine erste große Angst erlebte ich beim Gang ums Haus, wenn es dunkel war, ich zum Waschkeller geschickt wurde. Ich musste an einem Fliedergebüsch vorbei. Es stürmte, die Äste rieben sich, knarrten gehässig. Mir war jedes Mal, als würde sich am Erdboden eine Luke öffnen, aus der böse Wesen hervorkröchen, mich zu schrecken, festzunageln, zu entführen. Und war ich am Gebüsch vorbei, wartete eine nächste, nicht minder gehörige Angst meiner. Ich musste die stockdunklen Stufen hinab, das Schlüsselloch finden, immer bereit, eine Hexe, Katze, Eule, die mir auf den Rücken springen könnte, abzuwehren. Und dann tapste ich durch die nachtfinstere Waschküche wie ein Angsthase auf den ganz hinten im Raum befindlichen Lichtschalter zu. Ein unendlich langer Weg voller Gefahren. Die harmloseste noch die, in eine der beiden Zinkbadewannen gezogen, dort ertränkt zu werden. Endlich war da dann das rettende Licht der blanken Glühbirne, die mich aufatmen, einen Teil meiner stockenden Angst abschütteln ließ. Ums Eck herum musste ich nun nur noch in den Kohlenkeller gelangen, dort das Licht einschalten und aus den staubigen Regalen den Eierlikör, Rumtopf oder beides und eingeweckte Erdbeeren dazu an mich nehmen und mit den Sachen zurück eilen. Ja, eilen. Denn sobald ich die Glühbirne ausknipste, waren da die altbekannten Ängste um mich versammelt wie eine feindliche Bande. Und dieses Mal hatten die Ängste Zeit genug, auf mich loszustürmen, sich einen Plan auszuhecken, wie sie mich doch noch in eine dieser Erdluken stopfen könnten. Ich litt noch einmal heftig und hätte mit dem Erdbeerglas, der Eierlikörflasche, dem vollen Rumtopf um mich geschlagen, eine oder besser alle fiesen Ängste zu töten.

Am Tage war der Busch ein Gebüsch, das Knarren der Äste kaum zu vernehmen. Daran fühlte ich mich bei der Lektüre des Buches der Autorin Delia Müller zuerst erinnert. Hinzu gesellten sich einige Ängste, mit denen ich zeitlebens kämpfe. Verlustangst, bedingt durch meine Heimkindheit, elternlose Kindheit, eher freudlose Jugend. Kaum standen ein paar Leute zusammen und blickten zu mir hin, meinte ich, sie würden verächtlich von mir reden. Das machte mich oft genug fertig, ließ alle unmöglichen Gedanken zu einzelnen Menschen, Menschengruppen, zur Menschheit an sich aufkommen. Sich in ihrer Freizeit hobbymäßig mit Fragen der Psychologie befassende, nahe Freunde rieten mir, meine offensichtliche Muttermacke, wie sie es nannten, anzugehen, wollte ich nicht weiter ein so merkwürdiger Geselle und irgendwie unerlöster Mensch bleiben. Alles, was sie an mir störte, reduzierten sie auf die Tatsache, dass ich die Mutter, den Vater, nie aufgesucht und zur Rede gestellt hätte. Und dann war ich fünfzig Jahre alt und schenkte mir den Besuch bei meiner Mutter. Ich fuhr nach Eberbach am Neckar. Ich brachte zwei vergebliche Anläufe hinter mich, ehe ich den Klingelkopf betätigte. Drei Stunden war ich in der Küche dieser Frau, die ich nicht als Mutter anerkennen wollte. Nach und nach stellte sich heraus, dass sie, nachdem sie mich und meine Schwester in der DDR zurück und fast verhungern ließ, noch weitere acht Kinder im Westen zur Welt gebracht hat. Fünf von ihnen lernte ich innerhalb der kurzen Küchenzeit kennen. Alle acht lud ich für den nächsten Tag in ein Restaurant. Einer kam nicht. Er war durch mit dem Familiären, ein Einsiedler geworden, um sich vor allem zu schützen. Und was war mit mir?

Nun, ich bewahrheitete den Ausspruch meiner Adoptivgroßmutter Maria Standke, die da immer gesagt hat: Aus jeder noch so belastenden Angst erwächst eine winzige Furchtlosigkeit, die es zu vergrößern gilt, will man mit ihr gegen die Angst antreten.

Wenn also Delia Müller sich in ein abgelegenes altes Waldhaus versetzt, dort die sieben letzten Tage des ausgehenden Jahres allein verbringt, so hält sie sich dort vor allem gern auf, um eine gute Gastgeberin all ihrer Ängste zu sein. Zwischen Tag und Nacht nimmt dieses Haus seltsame Angstgestalten an, die sie gewissenhaft wahrnimmt, mehr noch in sieben Themenhäuser festschreibt. Tod und Begegnung. Spiritualität. Natur. Kunst. Persönlichkeit. Liebe und Focusing, was man nach dem amerikanischen Psychotherapeuten und Philosophen Eugene T. Gendlin als den Mittel- oder Brennpunkt bezeichnet. Was sagen uns unsere Träume, wovor warnt uns die pure Natur, warum führen wir genau die Gespräche, die wir führen, welche Ratschläge geben uns die Toten, wie erreichen uns Riten und Rituale aus zum Beispiel Nepal, welche eminente Angst sitzt uns auf und lässt uns Patient sein, was wissen wir von der angstlosen Liebe, welche tollen Knospen reiften einfach nicht, um zu platzen? Zwischen ihrem literarischen Anspruch und dem berufsbedingten Wissen zeichnet die Autorin dem geneigten Leser den bestmöglichen Weg auf, sich zwischen Leben und Liebe, Mattheit und Mut, aus der Klemme Angst und Enge hinaus zu befreien. Denn wie heißt es ferner bei Erich Kästner: Auch der stärkste Mann schaut einmal unters Bett, und hoffentlich viele Leser in dieses Buch.

Und / oder empfehlen hoffentlich, wie ich, gern in dieses Buch, um angstfrei stark zu bleiben.

Peter Wawerzinek

DIE ANGST

Eine Therapiesitzung.

Herr K. berichtet:

„Die Angst ist riesengroß, sie steht wie eine Wand vor mir und scheint auf mich zuzukommen. Ihre Macht dominiert mich, sie ist ein Ungeheuer, sie ist pure Gewalt. Ich schrecke in der Nacht auf. Das Herz rast, mein Kopf fühlt sich an, als wäre er mit Watte gefüllt. Es ist kein klarer Gedanke zu fassen, ich atme viel zu schnell und mir ist speiübel von der Unruhe, die mich aufstehen lässt. Ich gehe durch alle Zimmer und habe das Gefühl, keine Kontrolle mehr über mich zu haben. Alles ist reine Panik. Auch am Tag erfasst mich die Panik immer wieder. Ich bekomme keine Luft. In mir brennt sich der Gedanke ein, keinen Ausweg mehr zu haben, mein Körper zittert und ich bestehe nur noch aus Angst. Sie beherrscht mich. Ich habe das Gefühl, ich schaffe es nie mehr, dieser Macht zu entkommen. Sie ist einfach zu groß, zu dominant, zu gewaltig.

Ich hoffe so sehr, dass sie mir helfen können. So möchte ich nicht leben."

Eine spätere Therapiestunde:

„Dann nehmen Sie bitte diesen leeren Stuhl und setzen sie sich ihm gegenüber", bitte ich den Herrn, der meine Hilfe möchte und den ich seit einiger Zeit therapiere. „Unterhalten Sie sich jetzt mit der Angst, denn sie sitzt ihnen nun direkt gegenüber."

Er schaut mich skeptisch an, denn er ist diese Art Spiel nicht gewohnt. Er unterhält sich ansonsten nicht mit seinen Gefühlen und er ist es nicht gewohnt, schwach zu sein. Eigentlich beherrscht er völlig souverän sein Umfeld. Er gibt die Sachlagen vor. Doch nun sitzt vor ihm die Angst mit ihrer animalischen Macht. Er windet und verdreht sich, doch kann er nicht entkommen. Seine Gesichtsmuskeln zucken, er schwitzt und ist nervös. So springt er über seinen Schatten, der sehr gewaltig ist. Die Verzweiflung lässt ihn einen Dialog beginnen.

„Also gut", beginnt er, „ich fühle mich schlecht, weshalb bist du da, weshalb quälst du mich so sehr? Ich habe nichts gegen dich, aber lass mich bitte in Ruhe. Ich möchte einfach nur, dass du endlich wieder verschwindest!"

Ich schaue den Herrn an und bitte ihn, die Angst doch einfach wegzuschieben, die auf dem Stuhl sitzt und ihn anlächelt. Er nimmt den Stuhl und schiebt ihn mit einem Ruck ein Stück weg. Ich sage ihm, dass er ruhig weiterschieben solle, denn nun hätte er die Gelegenheit, die Angst einfach los zu werden, mit etwas Kraft. Das wäre eine Möglichkeit. Er fasst den Stuhl an und beginnt ihn weiter von sich fort zu schieben. Plötzlich stoppt er und sagt, so würde es nicht gehen. Er habe das Gefühl, es sei so nicht richtig. Dann bitte ich ihn, den Stuhl mit der Angst wieder näher zu rücken. Er ist paradoxerweise erleichtert. Ich frage ihn, was er jetzt gerne tun würde. Er sitzt resigniert auf seinem Stuhl, sichtlich erschöpft, und schüttelt seinen Kopf, sinkt zusammen.

„Ich weiß es nicht!"

„Ich weiß es wirklich nicht!"

„Wie wäre es, wenn Sie sich auf den Schoß der Angst setzen?"

Er sieht mich erstaunt an, zögert, doch erhebt sich dann voller Spannung und will sich mit einem Dreh gerade auf den Schoß setzen. Die Knie beugen sich, die Gesichtsmuskeln zucken erneut vor Erregung, doch kurz bevor er die Bewegung vollendet, drückt er die Beine gerade, schreckt plötzlich hoch und ruft fast verzweifelt, dass es nicht gehen würde, denn es sei doch nur ein Kind! Die Angst sei doch nur ein Kind!

Er ist erregt und sieht mich überrascht an, lässt sich auf seinen Stuhl fallen.

„Die Angst ist also ein Kind? Ich dachte, sie sei riesig, mächtig, beängstigend aber nun ist es ein Kind?“ Erst jetzt wird ihm bewusst, was er so laut in den Raum gerufen hatte: „Es ist doch nur ein Kind!“

Ich frage ihn, ob er als Kind auch behandelt wurde wie ein Erwachsener. Er bejaht diese Vermutung.

„Ist es in Ordnung, ein Kind, wie einen Erwachsenen zu behandeln?“

„Nein“

„Kinder sind verspielt, vielleicht zupft es Sie nur an den Sachen, damit Sie über Ihr Leben nachdenken sollten? Vielleicht vermutete das Kind Gefahr, ist Ihnen freundlich gesonnen und wollte helfen.“

So habe er es noch nicht gesehen. Aber er gibt mir Recht, es sei möglich.

„Was machen wir jetzt mit dem Kind?“

„Zuerst ziehe ich den Stuhl mit dem Kind näher zu mir, am besten seitlich neben mich“, sagt er.

„Und nun, wie besänftigt man ein Kind?“

„Ich gebe ihm die Hand!“

Der Mann muss lächeln und der ganze Druck der letzten Tage voller Panik fällt ersichtlich von ihm ab. Er ist das erste Mal seit Wochen innerlich und äußerlich ruhig.

Eine Woche später sagt er mir, dass er seitdem angstfrei sei.

Doch das Kind war nur spielen.

Wir beschließen, uns die Angst näher anzusehen und zu erfahren, was das Kind will.

Ich ertappe mich dabei, dass ich voller Überzeugung Phrasen aufsage wie: „Der Weg in die Freiheit führt nur durch die Angst." Aber die Angst ist ein vielköpfiges Wesen und es gibt nur ein gemeinsames interessantes Leben mit ihr, wenn du die Rätsel löst, welche die Angst dir aufgibt. Sie zwingt uns dann und wann über das nachzudenken, was wir „unser Leben" nennen, oder besser, das tiefer zu empfinden und wahrzunehmen, was wir Tod oder Leben nennen.

Die Angst ist eine angeborene Emotion. Evolutionär angelegte, spezifische Ängste sind leicht aktivierbar, wie die Angst vor Dunkelheit, Höhe und vor Neuem. Es genügt ein Vorkommnis und diese Ängste sind sozusagen sofort präsent. Angst ist also durch Erlebnisse oder Modelle und Informationen übermittelbar, lernbar, konditionierbar. Auch zu viel Stress und ungelöste Konflikte führen zu Angst. Die Angst ist eine Emotion, die uns warnt. Die Amygdala ist eine Kerngruppe im Gehirn, deren Nervenzellen bei Angst besonders aktiv sind. Die Erregung wird über das vegetative Nervensystem auf die von ihm innervierten Organe übertragen. Herzklopfen, Schweißausbrüche, Atembeschwerden, Zittern und Übelkeit, die Angst, kaputt zu gehen, sind Folgen. Dass die Angst uns so „als ein Kind" warnt und uns als Diktator zugleich quälen kann, wenn wir ihr zu viel Macht geben, ist ihre

Spannweite. Die Angst bekamen wir geschenkt. Sie ist ursprünglich. Sie dient als Schutz für unser Leben und gebiert Vorsicht, Zweifel und Zurückhaltung, aber auch Duckmäusertum und Lüge. Sie raubt Möglichkeiten der Entwicklung, sobald wir uns von ihr zu sehr einschüchtern lassen und mit ihr nicht in Kontakt treten.

Doch was macht sie so riesig, dass sie Menschen regiert, dass Regierungen sie nutzen, dass sie uns übermächtig zu cleveren Abwägern unserer Lebensentwürfe macht oder eine Liebe nicht leben lässt, dass wir resignieren, träge werden und in ihrem Gefängnis verharren?

Wir beugen uns allzu oft ihrer scheinbaren Gewalt und verschenken viele Möglichkeiten, froh und ausgeglichen zu sein.

Wie können unsere Ängste uns Kraft spenden?

Ich wollte selbst gerne sehen, welche Dämonen der Angst mir erscheinen würden, denn was uns verfolgt, entspringt unseren Gedanken, unseren Taten, unseren Erfahrungen, letztendlich unserer Angst vor dem Tod. Auch das Fehlen von Anerkennung und Liebe führt zu ihr.

Nur die Riemannschen „Grundformen der Angst“[1] zu betrachten, das Verhältnis zwischen Revolution, Rotation, Schwerkraft und Fliehkraft, erscheint mir als Tropfen auf den heißen Stein, als schönes Bild, als geniale Metapher und hilfreich in Bezug auf das Verständnis von depressiven, schizoiden, zwanghaften und hysterischen Persönlichkeiten. Es fehlt mir die Ethik, es fehlt die Beschreibung der Vielschichtigkeit der Angst, es fehlt die Anleitung dazu, mit ihr so leben zu können, dass sie uns Energie gibt, so wie stürzende, reißende Wasser Kraftwerke speisen können. Es fehlt die Verbindung zu der uns direkt umgebenden Natur und dem Erleben.

Pema Chödrön, eine buddhistische Gelehrte, schrieb ein Buch, dass mit diesen Themen eng verbunden ist, es heißt: „Geh an die Orte, die du fürchtest."[2]

Ihre Worte beschäftigten mich:

Jeder von uns bezieht Sicherheit und Behagen aus einer imaginären Welt der Erinnerungen, Phantasien und Pläne. Wir sind nicht scharf darauf, bei der Nacktheit unserer gegenwärtigen Erfahrung zu bleiben. Präsent zu bleiben, geht uns gegen den Strich.[3]

Diese Fragen führten mich zu einem Entschluss.

Ich fuhr in eine abgelegene Berghütte nach Polen. Ich wollte meine Ängste willkommen heißen und einen Austausch führen.

Ich wollte hin zur Natur.

Das Dorf *Gajuka* schlängelt sich in zwei Richtungen, vom Dorfkonsum, dem Zentrum des Ortes, bergab Richtung *Robierow*, in Richtung Wiesen und Felder und hinauf Richtung Berg und Wald.

Entlang der Dorfstraße stehen Häuser und Hütten, alle Charakterbauten, eher Wesen als Architektur. Der Ort liegt im Isergebirge, in Polen. Er ist eingebettet in eine weitreichende Hügellandschaft. Die Kirche befindet sich sinnvollerweise gegenüber dem Dorfkonsum. Hier treffen sich die Bewohner und bereden Neuigkeiten. Friedliche Kirchgänger und friedliche Säufer. Letztere trinken ein paar Runden Bier oder Wodka und schauen neugierig auf das Treiben. Sie wissen über alle Begebenheiten im Dorf Bescheid. Die alten schlesischen Fachwerkhäuser sehen verspielt aus. Manche sind windschief und in unendlicher Abfolge geflickt worden, nur wenige sehen prächtig und neu aus und glänzen in polnischen Bonbonfarben. Ein Haus hat ein halb eingefallenes Dach. Hier wohnt *Edek.* Er hat sehr viele Bücher aus der schlesischen Zeit, zumeist Geschichtsbücher und Bücher über Tiere und Pflanzen. Die zeigt er uns stolz. Er sagt manchmal und zeigt mit dem Finger auf sich: „He, du mich kaufen wollen?“ Und damit meint er sich und sein Haus. „Ich kosten 15.000 Euro!“ und er lacht.

Denn sein Haus ist sehr eingefallen, eine Ruine, und er steht in Resonanz.

Ich erinnere mich an eine typisch polnische Szene. Ein völlig Betrunkener versuchte seinen Kollega mit seinem Fahrrad mit einem Seil an sein Moped anzubinden, um ihn den Berg hochzuziehen. Das beeindruckte mich. Aus diesem ehrlich beeindruckten Gefühl heraus hielt ich, ohne weiter nachzudenken, mit meinem Westwagen, einem schicken roten Renault Megan, erfreut neben ihnen an, ließ die Scheibe mit einem Knopfdruck herunter und sagte lachend und mit Sonnenbrille zu den Trinkern: *„Feinje Idea“*, lachte und gab langsam Gas und fuhr den Berg hoch. Sie guckten mir mit geöffneten Mündern hinterher. Ich dachte mir dabei absolut nichts, nur meine Tochter meinte, dass wäre echt hart von mir gewesen und ärgerte mich mit dem Spruch: „Ha, ha, ha *‚Feinje Idea‘* “ noch lange Zeit.

Ein Panzerspähwagen steht auf dem Hof eines Dorfbewohners. Der Mann war einmal bei der Marine und dreht nun als Zivilist ab und zu eine Runde mit seinem Panzer. Er passt zur Gegend. Ich möchte auch einen Panzer, eigentlich eine prima Idee, denn um motorisiert zu meinem Haus zu kommen, benötigt es eine spezielle Fahrtauglichkeit. Der gerade noch zu erkennende Feldweg ist schmal, voller Schlaglöcher, nach einem Regenguss ausgewaschen, glitschig und sumpfig. An den letzten Häusern des Dorfes vorbei schlängelt sich dieser steile Bergpfad zum Haus. Das Haus, in dem ich dort wohne, ist ebenfalls ein altes Fachgemäuer mit einem kristallklaren Quellfluss linkerhand.

Dieser Ort ist einsam. Die Natur ist kräftig. Es riecht nach Erde, nach Holzfeuern, nach Heu und im Sommer nach einem Gewächs, dass wie Curry duftet. Die Gerüche verändern sich mit den Jahreszeiten. Der Fluss aber ist im Sommer, wie im Winter klar und kalt. Längst würde das Haus mitten im Wald stehen und überwachsen sein, wenn nicht Marian, ein Freund, seine Wildpferde, *„Konniki Polskie“*, dort grasen lassen würde. Auch die Ziegen Magdalena, Nikolai und Masha finden dort hervorragende Weidegebiete.

Es ist für mich, es war für uns, ein Fluchtort aus der Stadt.

André, mein Lebenspartner, kaufte es von Marian. Ich verbrachte mit ihm und unserer Tochter viel Zeit dort. Es ist ein magischer Ort, ein Kraftort. Er war sozusagen für uns übrig geblieben, schon etwas verfallen und zu schwierig erreichbar für Bauern der heutigen Zeit. Heute denken die Menschen an das Alter, und wer würde dann den Weg dahin noch schaffen? Die urwüchsigen, zähen Bewohner sind ausgestorben. Vielleicht geistern sie noch. Heute zählt auch hier in Polen Erreichbarkeit etwas. Zum Leben gehört das, wohin unsere Autos uns zu allen Jahreszeiten bequem bringen. Ich konnte darauf verzichten und Unbequemlichkeiten dankbar annehmen, ich war ja nur zu Besuch.

Marian kennt meine Angst vor dem Alleinsein hier in der Einsamkeit.

Er ist der Meinung, dass diese Angst verschwindet, wenn ich hier längere Zeit alleine zubringen würde.

„Hier ist nie etwas passiert, Delia. Du musst probieren, hier alleine wohnen“, sagt Marian. Wenn er so zu mir spricht, sieht er mich freundlich an und lacht: „Du hast Angst, du trauen dich nie.“ Daran denke ich gerade. Er meint es nicht böse.

Marian macht sich manchmal einen Scherz aus diesem Fakt des sich nicht Trauens, an einem abgelegenen Ort für sich sein zu können. Ein recht verwegener Musikerfreund, der das Haus kennt, sagte: „Man muss mit sich schon sehr im Reinen sein, um hier die Nächte alleine zu verbringen.“

Als ein anderer Bekannter mit seiner verspiegelten Sonnenbrille selbstzufrieden und selbstsicher vor diesem Haus saß und lässig Gitarre spielte, fragte Marian ihn: „Und, wie sieht aus, würdest du hier eine Nacht alleine bleiben?“ Der Befragte wurde verlegen, denn er würde es ganz sicher nicht. Die Sonnenbrille aber saß perfekt.

Wir Großstädter amüsierten ihn mit unserem Wissen und unserer mitgebrachten, scheinbaren Sicherheit, wir Weltbürger. Er kam nie nach Berlin, um uns zu besuchen, denn er meinte: „Dort ich bin nur komischer Mann, schlechte altmodische Kleidung, nicht klug reden über Bücher und Musik und Politik und so – hier ich kenne jede Pflanze, jedes Tier, hier ich bin Präsident.“ Und er lachte.

Marian spricht, wenn wir über die Angst reden, nur die Befürchtung an, dass Verbrecher kommen könnten. Und das wäre hier wohl nicht unbedingt zu erwarten, sobald das Haus bewohnt ist. Doch das war nicht das Einzige, nicht das Wirkliche, worum es mir eben ging. Gemeint waren auch die inneren Dämonen und das Unbekannte.

Davor hatte ich Angst, vor dem Ungewissen.

Wie ist es möglich, eine wirkliche Gelassenheit zu empfinden, wirklich seinen eigenen Weg im Leben zu beschreiten und dem „verspielten Kind“ Angst, das uns eigentlich nur unserem Instinkt entsprechend zum tieferen Empfinden und feinsinniger Achtsamkeit zurückbringen will, die Hand zu geben? Oder möchte es mehr und wir erkennen nicht was?

DAS ERSTE HAUS –
TOD UND BEGEGNUNG

Um ein paar Nächte in einer sehr abgelegenen Umgebung zu verbringen, wären der Frühling oder Sommer wohl am besten geeignet, aber es war nun einmal Winter, genau sieben Tage vor dem Jahreswechsel. Hätte ich mit meiner Fahrt gewartet, bis die richtige Zeit käme, so wäre der Entschluss zweifelhaft und es gäbe unendlich viele Gründe, es nicht zu riskieren, in einer weit abgelegenen Berghütte alleine zu sein.

Eine Reise begann.

Es war ein klarer kalter Wintertag. Der Himmel variierte in beeindruckenden Blau- und Grautönen und am Horizont unterstrichen pinke Farbbänder die kühleren Töne.

Ich hatte genug warme Sachen eingepackt und nahm Musik-CDs und meinen Kater Ivan mit.

Es lag in diesem Jahr kein Schnee, so fuhr ich direkt den Berg hinauf und kam noch bei mildem Tageslicht am Haus an. Der Wagen rutschte auf dem feuchten Untergrund, aber ich schaffte es bis zur Tanne, an der eine Parkeinbuchtung ausgeschachtet war. Mein Herz pochte vor Aufregung, und um nicht ins Für und Wider der Gedanken einzutauchen, sah ich mich gut um, bemerkte die vier Pferde am Hang, die dort friedlich standen und herüberblickten, und schloss das Gitter am Haus auf. Ich nahm die Schiffsbleche aus den Fenstern, die vor Einbrüchen schützen sollten, die manchmal stattfanden, wenn das Haus zu lange unbewohnt war, und das schwache Winterlicht strömte durch die zwei Zimmer im unteren Bereich.

Es gibt eine Küche mit einem großen runden Tisch, einer ledernen Couch und einem kanadischen Holzfällerofen. Ein Elektrokocher steht auf einer Anrichte. Ein alter Holzschrank aus hellem, naturbelassenem Holz mit winzigen bunten Glasstücken verziert, fasst das Geschirr. Das zweite Zimmer ist der gelb gestrichene Schlafraum, in dem ein großes Bett steht. Holzbalken in der Wand hinter dem Bett und an der Decke lassen alles rustikal erscheinen, ein grasgrüner Fußbodenbelag und ein rot karierter Läufer sorgen für eine gewisse Wohnlichkeit.

Es waren zwei Grad auf dem Thermometer abzulesen. Ich ging in den Vorraum und holte Holz. Das Heizen des Ofens war die erste Handlung. Marian hatte Kleinholz gehackt und mit *„Podpałki"*, Kohlenanzünder, entfachten die Flammen schnell. Ich legte kleinere Holzscheite auf, brachte nun den Kater im Korb herein und erklärte ihm, dass ich nun erst alles herrichten würde, bevor er die Räume beschnüffeln könnte. Er kannte diesen Ort und miaute leise. Mit einem Eimer holte ich Wasser vom Fluss und erhitzte es im Wasserkocher. Ich blickte vor dem Dunkelwerden noch einmal vor die Tür und sog die frische Luft in meine Lungen, welche immer, auch im Sommer, leicht nach Erde, Gras und Holzfeuer roch, was stets ein Wohlgefühl erzeugte. Ich schaute mich um, es war ruhig und friedlich, nur vom Dorf her hörte ich das Geräusch einer Motorsäge. Ich rauchte in Gedanken versunken eine Zigarette und blies den Qualm in die saubere Luft. Es war ein Stück Zuhause. Ich bewohnte dieses Haus seit 18 Jahren, wenn ich aus der Großstadt heraus wollte oder einfach Zeit hatte. Es war ein Paradies. Stille war Luxus. Die herrliche Luft war Luxus. Das saubere Wasser war Luxus. Die Zeit, freie Zeit, war Luxus.

Hier fand ich ursprünglichen Reichtum.

Ich ließ den Kater aus seiner Reisebehausung und er

rannte in den Zimmern umher und beschnupperte den Ort. Er erhielt sicher ganz andere Informationen als ich.

Ich begrüßte den Fluss. Er nahm die Begrüßung an und murmelte leise und beständig. Es war nicht selbstverständlich, dass er so ruhig war, denn das jetzt sanfte Bächlein konnte anschwellen und den Weg zum Haus ausspülen, er konnte sogar einen See entstehen lassen, wenn er sich aus seinem Flussbett erhob. Ich spülte alle Teller und Tassen, wischte die Tische ab und legte das mitgebrachte Essen auf den Schrank. Es war immer die gleiche Abfolge von Tätigkeiten, um den Ort mental in Besitz zu nehmen. Heizen und dann das Knistern des Feuers hören. Aus dem alten Kofferradio, das ich einschaltete, kamen polnische Melodien und Ansagen. Ich überlegte, irgendetwas anzuzünden, ein Räucherstäbchen, eine Duftkerze oder Sal-Harz auf die Glut zu werfen, was hervorragend räuchert. Ich war heute besonders schnell, denn um nicht nachdenken zu müssen, vollführte ich diese Ankommensrituale mechanisch und ohne Pausen. Ich kochte Tee, *herbata*, wie er landesüblich heißt, und setzte mich auf einen Stuhl vor den Ofen.

Wunderbar.

Stille, nur das Holzfeuer knisterte.

Das Schweigen ist eine komische Sache und hier erscheint alles besonders still. Ich bin es nicht gewohnt. Es erhält nach längerer Zeit plötzlich eine ähnliche Qualität, wie das laute Schreien, nur andersrum. Dann aber weicht dieses Gefühl ganz langsam einer angenehmen intensiven Wahrnehmung der Dinge um mich herum.

Ich mochte ansonsten sehr selten zu schweigsame Menschen, denn sie bringen mich in Verlegenheit. Ich denke dann immer nur daran, sie vielleicht zu langweilen, und bin voller Anspannung. Ich habe noch keine Langzeitschweiger mit Esprit kennengelernt. Es gibt nur seltene Momente in der Stadt, in denen über das Schweigen jemand in einen angenehmen Kontakt tritt. Es ist zumeist ein einsames Schweigen oder auch ein verletzendes Schweigen, das ich bisher kennenlernte, oder es kann auch ein Schweigen sein, das kalt, ichbezogen oder traurig ist. Manche Dauerschweiger wollen bedeutend erscheinen.

Aber nichts gegen die Stille und Besinnlichkeit. Sie sind wichtig für die Wahrnehmung. Ich schweige gerne in meiner Wohnung. Dann genieße ich die Ruhe, empfinde Weite und genieße entstehende Bilder. Doch in Gesellschaft liebe ich die Unterhaltung oder auch das Freie Assoziieren.

Was aber würde ich hier in der Berghütte tun?

Ich konnte nur ruhig sein. Würde ich zum Beispiel ein Lied singen, hätte ich das Gefühl, ich störe im Haus die Ruhe, wobei sich augenblicklich die Frage nach dem Geist des Hauses stellen würde, denn wen sollte ich denn wohl sonst stören? Trotzdem war da immer das Gefühl, als sei eben jemand da. Und gleich mit Geistern in den ersten Abend zu starten, das empfand ich als eine zu schwere Aufgabe. Ich hätte außerdem das Gefühl, der laute Klang würde fremde Menschen anlocken, sozusagen über das Phänomen der Resonanz. Und da waren sie nun, die Angstphantasien. Die Tür zu ihrem Gemach war nun aufgestoßen und sie polterten in das Zimmer hinein. Ich hieß sie willkommen: Für euch bin ich hier.

Die Angst willkommen zu heißen ist ein entscheidender Schritt.

Mir kam Bertram in den Sinn, ein Zimmermann aus Deutschland. Er hatte an diesem Ort 18 Monate alleine verbracht. Er war arbeitslos. „Das Holz arbeitet immer schneller als ich“, hatte er gesagt. Aufgrund seiner Trägheit mochte keiner auf Dauer eine Wohnung mit ihm teilen, denn er ließ sie, ganz in sich versunken, schon einmal verkommen. So war er gerade obdachlos. Um den Hals trug er eine Kette mit einem kleinen schweren Metallklumpen. Es sei ein Meteorit. Dieser sei auf die Erde gefallen, durch Kollisionen abgespalten vom Asteroiden, vom Mutterkörper, und so hätte er für immer seine Umgebung verloren, in die er ursprünglich gehören würde, wie auch er selbst, Bertram, als Mensch verloren ging. Er kümmerte sich um fast nichts, denn er war ja losgelöst, auch nicht, wenn etwas am Haus entzweiging. Das Gras vor dem Haus wuchs hoch, ohne dass er es mähte. Essen verschimmelte, ohne dass er es wegwarf. Er wollte nichts verändern an Dingen, denn das täten die Menschen zu oft, vor allem an der Natur. Er kaufte sich ein Pferd, denn er liebte Tiere, wie er oft betonte. Das Pferd fütterten andere. Die wenigen Polen, die ihn in dieser Zeit kennenlernten, sagten: „Das Herz von Bertram sei gut, aber Kopf manchmal etwas dumm.“ Er berichtete mir am Feuer, dass er hergekommen wäre, weil sein Gemüt schwer sei, er oft traurig wäre und wissen wollte, ob es an den Menschen läge oder alleine an ihm. Der Fluss würde seine trüben Gedanken fort spülen und er könne sich hier kennenlernen. Nach 18 Monaten verließ er diesen Ort so plötzlich, wie er erschienen war. Er bemerkte nur, dass er Bedenken hätte, dass der Fluss ihn ganz wegspülen würde. Er ging woanders hin, um nach einem Zuhause weiterzusuchen.

Wer denkt, alleine in der Einsamkeit anzukommen, irrt. Die Gedanken reisen mit.

Was wir taten, verfolgt uns, ob positiv oder negativ.

Es war die erste Woche in diesem Haus, die ich hier überhaupt allein verbrachte, nachdem mein Freund gestorben war, der hier 14 Jahre mit mir und unserem Kind wohnte, sobald wir Zeit dafür hatten. Es war ein Ort, den wir teilten, ohne in unsere erworbenen vielfältigen Rollen als Stadtmenschen schlüpfen zu müssen. Wir genossen uns hier pur. Ich fragte mich, ob ich seine Nähe spüren würde. Wäre es eine beschützende Nähe? Wem der Tod noch nicht nah genug ist, der lächelt vielleicht müde über Geister, über Energien. Die *Jhankris* aus Nepal, von uns als Schamanen bezeichnet, würden sagen, er ist *Murkha*, ein Dummkopf. Ich hatte Respekt.

Der Tod eines nahen, geliebten Menschen oder eine schwere körperliche oder auch psychische Krankheit, eine Krise und das Alter bringen viele Menschen dazu, die gedanklichen Dimensionen zu erweitern. Es gibt nun nicht nur die Gegenwart und die gelebte Vergangenheit und ausgedachte Zukunft, es gibt auch das in uns und um uns, mit uns, was nicht rational zu benennen ist. Es ist fühlbar, erlebbar. Setze dich in die Natur, schließe die Augen und nimm dich wahr. Alles erweitert sich. Unerforschte Raumzeit.

So wie ein kleines Kind uns an die Farben des Herbstlaubs erinnert, an Wasserflöhe, an Licht, an Geräusche, an die Schönheit der Sonne auf der Haut und das Wiederentdecken kleiner Freuden, erinnert uns der Tod an unsere beschränkten, irreführenden Dimensionen des oberflächlichen Wahrnehmens und des gehetzten Fühlens und der pragmatischen Gedanken des oftmals nur noch gewinnorientierten Handelns.

Ich schaute in das Feuer, das nun gut wärmte. Innerhalb von drei Stunden hatte es der „Bullerjan", so hieß der eingemauerte kanadische Holzfällerofen, von zwei auf zwanzig Grad gebracht. Er sang, wenn er in voller Hitze stand.

Das Haus schwamm auf der vollkommenen Dunkelheit der Umgebung. Die Vorhänge aus rotem Samt waren zugezogen, die Wasserbehälter waren gefüllt. Die Tür war verschlossen.

Die Reise konnte weitergehen.

Ich schaute lange Zeit nur in die Flammen und trank den warmen Tee. Der Kater streifte an meinem Bein entlang und legte sich dann wieder auf den grünen Teppich direkt vor das Ofenrohr. Es war ein warmes, angenehmes Plätzchen für ihn. Die Flammen waren gelb, blau, orange und die Holzscheite wechselten beim Verbrennen ihre Form, sodass skurrile Objekte entstanden.

Es ist herrlich, in vollkommener Ruhe in ein Feuer zu schauen.

Lange Zeit schon war ich nicht mehr so sehr für mich allein.

Ich spürte meinen Körper, der ebenfalls die Form zu wechseln schien, anfänglich war er angespannt, dann lockerten sich die Muskeln, der Leib wurde warm und biegsam. Dann begann ich mich zu vergessen, verfing mich durch den Blick ins Feuer im Nichts, spürte mich nicht mehr, alles Gegenständliche hob sich auf. Eigentlich wollte ich einen Stift und ein extra besorgtes Schreibbüchlein nehmen, um zu notieren, was mir in den Sinn kam, aber die Fahrt auf der Dunkelheit und die Trance verursachenden Geräusche des Feuers brachten mich in einen zeitlosen Zustand, in den ich immer tiefer hinein glitt.

Es verging viel zeitlose Zeit.

Ich tauchte wieder auf, goss mir einen *Wodka Góralska* ein. *Sto Gramm*. Ich spürte, wie er durch den Körper raste, schaute mich langsam im Zimmer um und musste lächeln.

Ich hatte es erwartet. Neben mir auf dem Stuhl saß André, mein verstorbener Lebenspartner. Ich erschrak nicht, denn er sah ruhig und gutmütig aus. Er schien meine Gedanken zu erraten und sagte: „Ich habe dir im Traum gesagt: Ich bin nicht tot. Und ich hatte dir in unserer Wohnung schon gesagt: Ich bin immer bei dir." Er war nicht in der Lage, auf die Art zu sprechen, wie wir es tun. Die Worte waren irgendwie unmittelbar klar.

Wir schwiegen.

Er hatte einen blauen Seemannspullover an, eine Jeans und Stiefel. Ein stolzer, schöner Mann!

„Ja, ich weiß", antwortete ich verzögert.

Ich bot ihm einen Wodka an, den er in einem Zug leerte. Wir waren froh, uns zu begegnen. Mir klopfte das Herz und ich wusste nicht, was ich am besten sagen sollte. Ich freute mich aber, dass mir André freundlich begegnete, liebevoll.

So saßen wir eine Weile und schwiegen. Es war eine enorme Erleichterung, diese Freundlichkeit zu erfahren, denn ich hatte nach seinem Tod nicht nur gute Geschichten über ihn zu erzählen gewusst. Über Tote darf man nicht schlecht reden. Ja, das wusste ich, dass Menschen das sagen, aber er ist nicht tot in dem Sinne, immer bleibt der Austausch. Wir gehen also weiter miteinander um, warmherzig und widerspenstig wie gewohnt. Wir sind keine Netten, keine Verhaltensgenormten. Wir versuchen, weiter zu sortieren, was uns verbindet und was uns trennt, uns kränkt. Wir lernen uns noch einmal anders kennen. Manche Menschen denken, es verhielte sich so, wie der kirchliche Spruch lautet und wir hätten nur eine Verbindung, „bis dass der Tod euch scheidet". So ist es aber nicht, denn der Tod nimmt nur einen Körper. Das Trennen oder das Loslassen im positiven Sinne erfordert Großzügigkeit und Liebe und nicht nur das nach außen sichtbare Aufhören von Traurigkeit.

André und ich mussten lernen, uns nun auch zu gestatten, Dinge wieder ganz alleine zu erleben, oder besser: ohne das materielle, sichtbare Beisein des anderen. Wir müssen uns Freiheit schenken. Gerade dem Geist müssen wir Freiheit schenken. Gaben wir uns die Freiheit?

Da ich wusste, dass André jeden meiner Gedankengänge mitverfolgen konnte, fragte ich nur: „Wie denkst du darüber, was ist nun richtig, wie frei sind wir?"

„Ich liebe dich", antwortete er, „ich habe es dir zu wenig gesagt." Ich habe es dir etwas zu selten gesagt. Ich dachte, über das Benennen könnte ich das Gefühl verlieren, und davor hatte ich Angst. Ich war bestimmten Rollen verpflichtet, die ich gewählt hatte. Aber du kanntest mein tieferes Selbst und ich wusste, dass du alles erfassen würdest, deshalb benannte ich wenig. Nach außen liebte ich meine Rollen, die scheinbar anziehbar und abstreifbar waren. Ich war ein Schauspieler, ein Sänger, das habe ich so gewählt. Ich war nicht zu verhaften. Und da ich es auf meine Fahnen geschrieben hatte, frei zu sein und das auch in meinen Liedern von der Bühne sang, musste ich besonders unabhängig erscheinen, es sein, auch von dir in einem gewissen Sinn. Wir sind eigentlich jederzeit allein und wiederum über das Gefühl mit allen und allem verbunden. So war ich für alle ein Gefäß ihrer Sehnsüchte, vielleicht ein Muss, um ein guter Sänger zu sein. Die Menschen wollen die Gefäße der Sehnsucht füllen. Es war nicht meine Aufgabe, nur ganz alleine für einen Menschen da zu sein, von ihm geliebt zu werden. Ich glaube bis heute nicht, dass das jemand überhaupt erfüllen kann. Wir gehen verschiedenartige Beziehungen mit den Menschen ein, die uns umgeben.

Doch merkte ich am Ende auch, dass ich ein Kapitän mit zu viel Besatzung wurde, und die Besatzung wollte befehligt und unterhalten werden. Manche wurden träge, denn sie wussten, dass ich sie angeheuert hatte und wir auf dem Meer segelten und ich sie als Crew mit ihren Fähigkeiten respektieren musste. Andere wurden fordernd, aber ich konnte sie nicht einfach über Bord werfen. Der Kurs war unklar. Ich konnte mich nicht mehr von Menschen und Gewohnheiten trennen, die mich zum Teil sehr beschwerten, so zog ich mich in mich zurück. Nur manchmal habe ich dir gesagt: „Wenn du wüsstest, wie egal mir andere Menschen sind, dann würdest du erschrecken." Es ging um die Formlosigkeit, um eine Ablösung von der Form. Doch hast du zum Teil befürchtet, dass ich so Menschen gegenüber kalt und unempfindlich sein könnte, also auch dir gegenüber. Vielleicht stimmt das zeitweise sogar. Doch schau ich zurück, so kann ich sagen, war ich immer an deiner Seite und an der Seite von Freunden. Ich konnte mich zeitweise nicht vollständig auf Gefühle einlassen, weil ich aus der Erfahrung heraus Angst davor hatte, verlassen zu werden, wie als Kind von meiner Mutter. Auch deshalb wollte ich lieber eine ganze Besatzung oder eine Art unendlicher Freiheit. Ich mochte dich zu sehr und mir war klar, dass du mich am meisten begehren würdest, wenn ich es dir zeitweise schwer mache. Ich habe die Sache übertrieben. Zusätzlich fühlte ich mich verpflichtet, Menschen nicht vor den Kopf zu stoßen, die mich außer dir liebten. Sie taten mir leid. Es ging um eine größere Sache als eine einfache, traute Zweisamkeit. Ich schrieb Lieder und gerade dadurch, dass ich nicht nur für einen oder zwei Menschen da war, sondern überlegte, wie wir gemeinsam mit Freunden ein interessantes, mutiges Leben führen könnten, habe ich die Menschen daran erinnert, nicht nur an sich zu denken.

Ich lebte am liebsten mit dir.

Doch Liebe, die in unterschiedlicher Form existiert, wollte ich teilen.

Auch du darfst teilen, du bist frei und nicht alleine.

André nahm mich in den Arm und drückte mich an sich. Es war schön, seine Nähe zu spüren.

„Ich habe nie deinen Geruch vergessen, das Aussehen deines Körpers, wie sich deine Haut anfasst. Doch es gibt ein Verblassen der Eindrücke. Sie werden überschrieben."

„Ich weiß", antwortete er.

Ihn jetzt zu drücken war anders. Die Körperlosigkeit war spürbar, alles ist nun nur noch Bild oder erinnerter Geruch. Aber es tröstete mich.

„Du standest auf der Bühne und viele Menschen kannten dich scheinbar. Für jeden hattest du eine andere Bedeutung. Wir stritten uns nach deinem Tod sogar darum, wer mehr von dir geliebt wurde oder dich am besten kannte. Jeder Mensch existiert scheinbar nur als eine definierbare, beschreibbare Person, wie ein kompaktes Gebilde. Doch diese Aussage trifft nicht die Wahrheit."

„Überhaupt die Wahrheit" – übernimmst du gedanklich: „Stelle dir einmal vor, alle würden sich die Wahrheit sagen, das was sie dafür halten, das wäre ein Gemetzel."

Wir mussten lachen.

Auch meinen Patienten, denen manchmal ihre inneren Aggressionen peinlich waren, riet ich immer dazu, sich dahingehend zu entspannen. Allein die Gedanken von Menschen über andere Menschen während einer U-Bahn-Fahrt sagen viel aus über unsere Aggressionen aus.

Dann lächeln alle und wissen um die Sache.

Im Ofen knackte das Feuer. Wir schwiegen. Ich nahm den Geruch und die Wärme des Raumes wahr.

„Du bist doch hergekommen, um mit deinen Ängsten in Kontakt zu treten. Du willst dich endlich leichter fühlen und es auch anderen ermöglichen, diese Spur zu verfolgen, das finde ich gut. Und ...", sagte André, „du suchst den Weg, der sich unbeschwerter geht, denn seinen eigentlichen Weg erkennt man daran, dass die Zweifel lustig werden und innerlich kichern und dass man seine glücklichen Momente gerne teilt. Man braucht nichts zu befürchten und nichts bewachen. Alles ist da, was zum Leben notwendig ist.

Du traust dich zu suchen. Du suchst in der Einsamkeit, vor der du dich eigentlich fürchtest, und das noch, obwohl ich dir abgeraten hatte, als Frau längere Zeit in einem so abgelegenen Haus alleine zu sein. Mal nebenbei, Hut ab, du hast den Mut aufgebracht, und so sehen auch wir uns noch einmal und erfassen uns genauer.

Also, ich denke auch so wie du, der Weg in die Freiheit führt nicht so, lapidar gesagt, durch die Angst, sondern wir müssen aus wirklich ehrlichem Herzen heraus gewinnen und verlieren können, wir müssen die Kontrolle loslassen und bereit sein, jederzeit nackt und allein von vorne zu beginnen und das als eine Aufgabe zu betrachten, die in Ordnung ist. Sobald uns Verlust nicht ängstigt, Status uns nicht lähmt, bekommen wir die Chance, das zu leben, wozu wir berufen sind, davon bin ich überzeugt, dann bekommen wir die Chance zu lieben.

Ich bin diesen Weg, so gut es mir möglich war, gegangen. Es sind meine Lieder, die ich singen konnte, welche anderen und auch mir Kraft gaben. Es war das Zusammensein mit Dir und unserer Tochter. An einer Stelle wusste ich nicht weiter, ich hatte scheinbar alles gegeben. Dir gegenüber hatte ich mich in diesem Moment verirrt. Ich probierte Wege aus, die auf leichtere Art als durch das wirkliche Empfinden der eigenen Bedürfnisse zu einer Art Genugtuung führten. Als ich das bemerkte, wollte ich mich nur besinnen, dann etwas ändern. Dann kam nach dem Stillstand der Tod. Und obwohl es ein großer Schnitt ist, frage ich mich: Gibt es überhaupt Verlust, ist es nicht Wandlung, Bewegung, vielleicht sogar Erneuerung, die manchmal nicht anders möglich ist?“

„Das empfinde ich auch so, und natürlich fragte ich

mich, als du gestorben bist, innerlich viel eindrücklicher, ob der Weg nach dem Tod beendet ist oder sind wir verbunden, und wenn ja, wie? Ein Mensch wird nicht mehr körperlich wahrgenommen, wenn er tot ist. Vielleicht lenkt er aber noch und andere führen Ideen weiter, die begonnen wurden. Oder gibt es ein neues, frisches Leben?" Ich musste mich mit dem Leben und Sterben beschäftigen.

Beschäftigen wir uns mit der Angst, geht es um diese Themen.

André antwortete: „Ich hänge sozusagen in der Warteschleife der Erkenntnisse, weil ich mich noch verantwortlich fühle. Ich bin noch nicht in einem anderen Leben."

Ich verstand ihn. André sagte im Traum wiederholt, dass er nicht tot sei. Es bleiben auch nach dem körperlichen Abschied nehmen noch Verbindungen. Es gibt unterschiedliche Wege nach dem Tod.

„Aber das weißt du besser als ich und darfst es trotzdem nicht verraten. –

„*Na zdrowie*", ich prostete dir zu und trank noch einen *Wódka Góralska*.

Weshalb haben wir aber in der Regel doch Angst , zu sterben?

Ein Grund wäre, die vielen guten Erlebnisse und Eindrücke, Empfindungen, die man auf dieser Welt haben und genießen kann, nicht mehr weiter erleben zu können.

Was sind andere Ängste? Vielleicht die vor Schmerzen oder der Verlust der Kraft und der Attraktivität, die wir befürchten, oder ist es der Verlust von Freundschaft und Liebe oder ist es die Angst, dass wir denen nicht mehr helfen können, die uns brauchen?

„Da wären wir wieder beim Teilen" führte André fort.

„Ich glaube nicht an das Glück ganz allein, und es erfordert sicher Mut, zu wissen, dass wir Verantwortung teilen können. Kinder zum Beispiel. Kinder leben in der Regel in einer Familie, in einer Gesellschaft, einem Bezugssystem. Diese Verbindungen gut zu wählen, ist nicht unwesentlich. Es ist dann ein Stück Angst, die uns genommen wird, durch das Vertrauen zu anderen. Es ist positive Bindung."

Ich antwortete: „Zwischen uns mag das funktionieren, aber im erweiterten Sinne fehlt mir dieses Zutrauen."

Viele möchten nur ihr eigenes Glück beschützen, nur für sich Selbstverwirklichung erreichen, Konkurrenz beseitigen. Wir sind durchaus konkurrierende Wesen, und zwar wir alle, bis zu einem bestimmten Erkenntnisstand, was auch Entwicklung bringt, in einem begrenzten Sinn. Wenn es eine Art Spiel bleibt. In der Liebe, zwischen Freunden existiert auch Konkurrenz. Und in Gemeinschaften, in denen es viel um Anerkennung, Ruhm oder Geld geht, ist diese Konkurrenz, wenn auch nicht ausgesprochen, besonders groß.

Du weißt doch, wenn wir besonders schöne Dinge erlebt haben, dann hast du immer gesagt, „ich solle das auf keinen Fall erzählen, dafür würden uns andere hassen." Ich weiß, dass da etwas dran ist, ich habe es erfahren.

Es gibt wenige, denen ich vertraue, aber du hast Recht, diese wenigen geben Mut.

Und dann stellt sich die Frage: Für was kann ich persönlich Verantwortung übernehmen?

Für ein Kind zum Beispiel. Es ist eine Entscheidung, ein Kind zu bekommen, heute durchaus auch immer mehr eine finanzielle Entscheidung.

Wenn Menschen tatsächlich Verantwortung teilen, dann könnte die Liebe als Entscheidung für ein Kind ausreichen. In Nepal, also in einem Land, in dem gegenseitige Hilfe eine Überlebensstrategie darstellt, gibt es nicht nur die Begriffe Mutter oder Vater, sondern auch „Mother of love“, „Father of love“, denn manchmal übernehmen mehrere Personen den Schutz eines Kindes, um dieses Kind mit Liebe, Inspiration und umsorgt großzuziehen. Ich meine damit keine alleinige Verantwortung im Familienkontext. Wir sind Menschen, wir tragen das Vermögen in uns, über Familienbande hinaus mitfühlend zu sein und helfen zu können. Doch davon entfernen sich die Menschen.

So bleibt die Angst vor dem Tod.

Wofür wären wir noch verantwortlich?

Ich denke an Viktor Frankl, einen Psychiater, der zur Nazizeit in mehreren Konzentrationslagern saß und überlebte. Er stellte in den Mittelpunkt den Sinn des Lebens. Er stellte fest, dass diejenigen mehr Chancen hatten, zu überleben, die einen Sinn in ihrem Leben sahen.

Also läge doch schon Bedeutendes darin, Verantwortung in der Wahl unserer Tätigkeiten zu übernehmen, es gut auszusuchen, womit wir uns beschäftigen und mit welchen Menschen wir es diesbezüglich zu tun haben.

„Aber wussten wir das nicht schon immer?“

„Das sagst du so. Ich dachte, ich habe nach diesem Prinzip alle meine Beschäftigungen ausgesucht. Eine sinnlose Tätigkeit, die keinem nützt, kam für mich nie in Frage, aber trotzdem wurde ich alleine gelassen, wenn ich in großen Schwierigkeiten steckte oder krank war. Weshalb konnte das dann geschehen? Wer nicht mehr funktioniert, ist schnell vergessen. Und ich gebe zu, auch ich vergesse den einen oder anderen. Keine Zeit, keine Zeit, keine Zeit. Und tatsächlich ist Zeit knapp. Jeder muss seins schaffen. Wir sind eingespannt in den Gelderwerb oder in unsere Selbstverwirklichung oder in die Sehnsucht nach Ruhm und Anerkennung. So werden wir vereinzelt.

Die Erfolgreichen werden hofiert und geliebt.

Das wollen fast alle sein, erfolgreich oder zumindest anerkannt.

Ruhm oder Geld erwerben.

Wo ist ein Ausweg aus diesem System, aus diesen Schemata?“

„Indem wir es erkennen und über uns lachen können. Es sollte einfach Freude bereiten kreativ zu sein. *Wir können sinnvoll leben. Wir können Erfolg teilen.*“

„Ja, und wohl auch Gefühle teilen und mitteilen. Und wie heilsam wäre es, zuzugeben, nicht immer nur gut zu sein. Dass uns ungeheure Gelüste jagen, dass wir zum Beispiel aggressiv sind, neidisch, eifersüchtig, schadenfroh, überkontrolliert und gehässig sein können. Wir dürfen uns selbst kennenlernen, unsere Bedürfnisse kennenlernen, um andere zu verstehen.“

Der Arzt Rüdiger Dahlke sagte an einem Vortragsabend: „Wollt ihr gut sein, oder ganz?“

Das hört sich zunächst einmal berauschend unartig an. Da kommt der Beifall. Einige koppeln das von den weiteren wichtigen, vertiefenden Erläuterungen zum Thema ab. Es stimmen viele sofort zu, im Wissen um ihre „Ausrutscher“ und Eigenarten, um Ihre Heimlichkeiten und inneren Verklemmtheiten, um ihre Aggressionen. Doch es geht nicht um das einfache Erkennen und das Ausleben dieser Anteile und einer inneren Absolution, die ich mir mit diesem Denkmuster verschaffe.

Es gibt kein „Entweder-Oder“.

Wir können unsere Ich-Anteile genauer betrachten und integrieren. Wir können uns bewusst machen, welche Funktionen sie haben. Welche wirklichen Bedürfnisse stehen dahinter? Wann sind diese Anteile entstanden? Wodurch sind sie entstanden?

So zum Beispiel die übergroße Kontrolle, die in diesem Gesellschaftssystem vielen Menschen anhängt, die viel Energie raubt und im Zusammenhang mit vielen Ängsten steht. Dieser Hang zum übermäßigen Perfektionismus und zur Kontrolle ist darauf gerichtet, seine scheinbar unvollkommenen Seiten zu verbergen.

Sich zu zeigen, authentisch zu sein, tiefer nachzudenken, das realisieren nur wenige Menschen. Scheinbar gibt es kein Vertrauen, weder Selbstvertrauen noch anderen gegenüber. Angst und Schutzmechanismen herrschen.

Kann diese geschundene, abgearbeitete Kontrolle, diese Schwerstarbeiterin Hilfe gebrauchen, vielleicht den Mut und das Selbstbewusstsein, vielleicht das Wissen oder die Weisheit oder den Humor? Anteile, die ich in mir wiederentdecken kann.

Ich kann mein inneres Angebot an Eigenschaften wieder erweitern und harmonisieren.

Dazu braucht es Tiefgang.

Und manche Menschen benötigen dafür Hilfe.

Ich habe meine Angstpatienten oft gebeten, in einer Trance ihren „Innerlichen Verhinderer“ zu symbolisieren, ihm einen Körper und ein Gesicht zu geben. Der „Innere Verhinderer" sträubt sich gegen eine Veränderung des Selbstkonzeptes. Er mag keine Reflexion und Veränderung. Er akzeptiert lieber Stillstand und Leid. Sie kamen in der Trance mit diesem Anteil in Kontakt. Sie konnten dann auf fast lustige Art und Weise mit ihm umgehen. Er klammert sich an den Begriff Sicherheit. Man kann ihm das Angebot nahebringen, mal etwas Urlaub zu machen, sich auszuruhen oder eine interessantere Aufgabe zu übernehmen. Ein Austausch zwischen den Menschen über ihre Ängste und Bedürfnisse wäre wichtig, gegenseitiges Zuhören ein Beginn.

Doch du wirst nie voraussetzen können, dass es alle mitmachen, Besitz zu teilen und Gefühle mitzuteilen. Du hast dafür deine Lieder gesungen, doch konnten sie nicht von allen verstanden werden. Diese Lieder zu verstehen muss man sich trauen.

Es ist eine Lebensart.

Erst dann hat man *Freygang*.[a]

Leid führt in einigen Fällen vielleicht zu Verständnis. Insofern der Mensch seine Entwicklungschance nutzt. Denn ansonsten wirst du immer mehr Leute mit Ängsten sehen, die verzweifelt sind oder stumpf stereotypen Handlungsmustern folgen, Beschäftigungen mit immer gleichen Themen ausführen. Sie müssen sich beschützen, sich und ihr Gefilde. Sie wollen sich keinen Schritt herauswagen. Kontroll- und Machtmechanismen ersetzen einen wirklichen Austausch.

Kausalitäten (Text: André Greiner-Pol †)

Maschinen laufen
Teilen und herrschen, der Pöbel schlägt sich.
Die Armee steht, die Mafia formiert sich
Das Gold ist in Sicherheit
Maschinen laufen
Die Immobilienhändler schlagen die Bäcker
Die Bäcker schlagen die Gesellen
Die Gesellen schlagen die Hilfsarbeiter
Die Hilfsarbeiter schlagen die Arbeitslosen
Die Arbeitslosen schlagen die Obdachlosen
Die Obdachlosen schlagen die Flüchtlinge
Die Flüchtlinge schlagen die Kranken
Die Kranken schlagen sich mit dem Tod
Der Tod schlägt sich mit dem Immobilienhändler

Maschinen laufen, hier kann man alles kaufen

Die Überlebensangst, gesteigert in einem kapitalistischen System, das auf Ausbeutung beruht, verhindert das Teilen, den ehrlichen und mitfühlenden Austausch.

Anscheinend ist es sogar noch wohltuend, andere leiden zu sehen, denn es verbessert das Gefühl vom scheinbar eigenen Erfolg.

Stehen auf der einen Seite die Erfolgreichen, was in diesem System mit Geldgewinn gleichgesetzt wird, stehen auf der anderen Seite die mit den Verlusten.

Und diese werden sich früher oder später nehmen, was sie zum Überleben benötigen. Es gibt keine unüberwindbaren Grenzen zwischen denen, die zu viel haben und denen, die brauchen. Der Austausch erfolgt, wenn nicht freiwillig, so mit Gewalt.

Das erzeugt Angst und noch mehr Widerwillen, zu teilen.

Doch zum Überleben benötigen wir die Kooperation. Das wäre die gegenseitige Hilfe, ohne die wir nicht am Leben bleiben.

Freiwillige Kooperation, nicht angeordnet, nicht maßgeregelt, aus Liebe zur Natur, zu unserer Natur, als soziales Wesen.

Das ist leicht gedacht.

Da fällt mir ein: Auf unserem Spielplatz in der Stadt wohnen jetzt Letten. Mitten im Winter wohnen sie auf den Parkbänken, bei Regen, bei Frost und Sturm. Die Leute bringen Essen und Schirme vorbei. Mit nach Hause nimmt sie niemand. Die Letten trinken gegen die Kälte und sind uns nicht bekannt. Ich würde mich nicht trauen oder es wäre mir zu unbequem, zu aufwendig, sie mit in meine Wohnung zu nehmen. Würden sie es mir danken oder würden sie es ausnutzen? Ich sage mir einfach, es ist nicht meine Aufgabe, so wie sich das alle sagen. Denn ansonsten würden sie nicht auf den Spielplatzbänken bei schlechtem Wetter nächtigen. Die Obdachlosen wohnen hier im edelsanierten Bezirk Prenzlauer Berg.

Du kennst das neue Haus nicht, das gegenüber unserer Wohnung steht. Ich werde Dir ein paar Notizen vorlesen.

Quader

Ich schaue auf ein neu gebautes Gebäude gegenüber. Das Bild unseres Kiezes hat sich stark verändert. Es kamen

Menschen mit viel Geld. Hier steht nun ein Edelhaus, ein Museum für Architekturzeichnungen. Ein Betonklotz mit eingeritzten Riffeln, die an ägyptische Hieroglyphen erinnern. Der Betonklotz ist verschachtelt, in fünf Geschossen über rechteckigem Grundriss, wie ein magischer Quader, und oben aufgesetzt prangt ein Glaskasten. In die Riffel an der Ecke des Hauses fingern die Touristen hinein, um es zu begreifen. Fast alle tasten in die selben Riffel, ganz schüchtern, als berührten sie ein altes Wesen. Was sie sich wohl erhoffen von einem Betonklotz, den sie streicheln? Wie Blinde, die versuchen, das Leben zu ertasten. Würde man ein Loch mit einer Gummizunge in das Gemäuer einlassen, würden sie es wohl aus Sehnsucht küssen. Im hiesigen Wohnviertel wird alles saniert und fein gemacht. Katzenschlupflöcher und bezahlbare Räumlichkeiten zum Leben sind nicht mehr da. Die Erde und damit das Leben wird versiegelt, so streicheln wir Betonklötze, die uns als Ersatz befriedigen sollen. Es wird teuer im ehemaligen Bohèmebezirk, glatt, beleuchtet, schrill, laut und überfüllt.

Es ist nicht leicht, hier bleiben zu können, denn wer nicht reich ist, wird wegsaniert.

Es wird den Menschen ein Stück Land unter dem Hintern weggekauft.

Manche permanenten Mieterhöher sind sogar nette Menschen, so wie manche Nazis auch sehr familiär waren. Und sie können sich gut ausdrücken, sie nennen ihre Mieten „doch noch günstig“ oder „die Mieterhöhung ist geringfügig.“

Die Passanten bewundern die Architektur.

Nur wenn es stark regnet, laufen weniger Leute umher.

Das sind die angenehmsten Momente.

Vor dem Haus stehen jeden Tag und jede Nacht die Wachmänner in Zivil, die das Gebäude vielleicht vor Sprayern schützen, oder sie schützen den Architekten. Manchmal laufen sie umher, manchmal sitzen sie in einem Wagen. Es sind wohl Kasachen oder Letten, wie der Architekt aus dem Osten kommend, doch bestimmt ärmer. Sie schützen die Elitearchitektur, die nun als große Kunst gilt, vor Undergroundkunst, vor Beschmutzung.

Es beschäftigt mich auf einmal, dieses Gebäude, und ich will in seinen Betonbauch, um zu sehen, was es verschlungen hat. Gezeigt werden im Moment Zeichnungen russischer und sowjetischer Architekten aus der Zeit von 1900 bis 1953.

Ich steige in die erste Etage, ziehe eine massive, schwere Holztür auf, die nach mir fugendicht schließt. Im Treppenhaus riecht es unangenehm nach frischem Beton, nach Feuchtigkeit. Mir fällt das Wort *trockenwohnen* ein. Müssen manche Menschen die Welt trockenwohnen, damit andere genug Geld zum Spielen haben? Früher haben die Mieter Häuser trockengewohnt, heute sollen sie die Feuchtigkeit ganzer Parkanlagen wegatmen.

In dem ersten Ausstellungsraum ist kein Mensch. Alleine wäre es gespenstisch. Ich bin in Begleitung einer Bekannten. Wir sehen uns die Zeichnungen an, Neoklassizismus, Konstruktivismus, neurussischer Stil. Es ist tatsächlich interessant, diese Zeichnungen zu sehen, die Gebäude darstellen, die früher einmal gebaut werden sollten oder es auch wurden. Es gibt auch Phantasiestädte zu betrachten, eine Stadt aus Holz mit Hängebrücken, eine Arbeitersiedlung, die aus einem langgezogenen sterilen schmalen Wohntrakt besteht, sich mitten in der Ödnis befindet, mit den notwendigsten Einkausfsbuden und einer Funkantenne, einem KZ gleich. In diesem Museumsbunker herrscht Totenstille, kein Ton, kein Luftzug, keiner spricht, keiner lächelt, selbst die Atmung wird flach und auf das Notwendigste heruntergeschraubt.

Wer der Architektur als solcher verfällt, ohne Betrachtung des Kontextes, begibt sich in die reine Verliebtheit von Formen. Und die Hofierung von Formen bringt oft sinnlosen Auswuchs und Lüge, Machenschaften. Formalismus ohne Achtung vor Lebewesen bringt den Tod mit sich.

Im Inneren des Museums wohnt der Tod.

Der Bunker hat den Charme einer heimlichen Uranaufbereitungsanstalt. Damit würden sich auch die Schutzmaßnahmen erklären lassen.

Die Riffel, wie ich nun weiß, stellen den Entwurf eines Bühnenbildes dar und wurden mit Hilfe von Matrizenschalungen erzeugt.

In Form gegossen,
statisch,
tot.

„Ja André, das ist nun unser Kiez."

Die Fotografen interessieren sich sehr für den Betonklotz. Der Architekt ist bekannt und sicher reich. Keiner fotografiert das Camp der Letten. Es sind ja auch nur Menschen, könnte man sagen. Mit ihnen zu reden wäre wichtig. Ihnen zu helfen wäre wichtig. Es kostet einen ersten Schritt.

Ich erinnere mich an meine Reise in den Himalaya.

Dort leben die Menschen in sehr armen Verhältnissen, teilweise in Brettergebäuden, die wir Hühnerstall nennen würden.

Doch klopfst du an die Tür, am Tag oder in der Nacht, so bist du willkommen. Du wirst sehr herzlich empfangen und bewirtet, auch wenn nur sehr wenig da ist, was es zu essen gibt. Niemand kommt auf die Idee, dich einfach stehen zu lassen, weil du vielleicht stiehlst oder Ärger bringst. Nun, so gibt es wohl weniger Angst dort, wo man nichts ausrauben kann, doch es gibt da auch eine Kultur des Nehmens. Auch das Nehmen verlangt Freundlichkeit und insgesamt ein System, in dem gleichmäßiger verteilt wird.

Dieses Verständnis ist in den „reichen" Staaten abhanden gekommen. Jeder misstraut jedem. In den Städten und Dörfern wohnt die Angst.

Sich gerne zu helfen, zu teilen, sich zu vertrauen muss neu erlernt werden.

Ich lege eine CD von dir, von deiner Band FREYGANG ein. Das „Kartenhaus" mit dem mir vertrauten Text: „Das Kartenhaus fällt ein, dass ist uns einerlei, der Staat ging uns schon immer, am Arsch vorbei./ Mit wunderbaren Sprüchen oder mit viel Geld, wir machen sowieso, was uns gefällt."

Wir hören deine Texte. Du lächelst. Sie passen zum Thema. Es war mutig, diese Texte zu schreiben, denn dir war klar, dass es zu keinem System passte, welches Menschen regiert. Dein Lohn war die Liebe deiner Fans, die wussten, dass du ein Symbol für ein mutiges, selbstbestimmtes Leben darstellst.

Zahlreiche Musiker standen Dir im Laufe vieler Jahre

zur Seite und brachten kreative Ideen mit ein.

„Lass uns noch einen Wodka trinken", sage ich, nachdem ich in der Musik und in den Gedanken ganz versunken war. Doch ich bin jetzt wieder allein. Das Bild von André hat sich aufgelöst.

Ich empfinde Verlust und plötzlich auch Schwere und Müdigkeit. Es ist mitten in der Nacht.

Der Raum ist stark aufgeheizt und ich sollte vor dem Schlafen noch lüften. Ich öffne ein Fenster, an dem noch ein Fetzen Fliegengitterstoff hängt. Kalte frische Luft strömt ein, der Kater gurrt und kommt schnuppern, streicht an meinem Bein entlang. „Schön, dass du bei mir bist", sage ich zu ihm und merke, dass ich André nicht mit dem Kater bekannt gemacht habe. Der Kater sagt nur: „Jeder denkt eben nur an sich." „He", sage ich, „hast wohl zugehört. Na dann lass uns aufeinander aufpassen. Schön, dass du mit hier bist." Er dreht sich um und geht etwas arrogant in das Nebenzimmer. Mit der Frische fließt Realität ins Zimmer. Ich werde mir der Einsamkeit des Ortes sehr stark bewusst und höre auf jedes Geräusch. Mein Herz rast. Ich bleibe am Fenster, um es notfalls zuhalten zu können. „So ein Quatsch" denke ich, aber ich traue den Menschen eben nicht und vermute überall Schlechtes. Mein Herz pocht spürbar. Sowas kommt von sowas – ergab ja das Gespräch.

Ich bin auf der Hut vor der eigenen Spezies.

Die Luft tut gut und durchströmt alle Ecken.

Ich atme ein paar Mal tief aus. Lass die beschwerenden Gedanken aus dem Fenster fliegen, sich im Unendlichen verteilen.

Ich schnuppere, ob die Frische ausreicht, atme durch

und werde etwas munterer. Je länger das Fenster offen ist, umso unspektakulärer ist das Angstgefühl, es entweicht mit der schweren Luft.

Es tut gut und ich schließe etwas erleichtert das Fenster.

Ich überlege, wo ich die Nacht zubringen würde. Im Schlafraum steht ein großes Holzbett, auf dem zwei Personen gut übernachten können. In der Küche steht eine schwarze Ledercouch. Man kann die Polster auf der Erde auslegen. Ich entschließe mich, in der Küche zu schlafen.

Es ist ein Ort, an dem ich gerne schlafe. Ich fühle mich hier sicherer, warum, kann ich kaum sagen, vielleicht, weil ich mir dort auf der Erde, auf der ausgezogenen Ledercouch, so im Schlafsack zusammengerollt, vorkomme, wie ein verstecktes Kind. Auf dem breiten Bett hätte ich zudem das Gefühl des verlassen Seins, da eine Seite leer bleiben würde.

Den *Wódka Góralska* stelle ich weg, denn ich möchte in der Nacht nicht betrunken sein, um hören zu können, falls es komische Geräusche gibt. Dann könnte ich noch überlegen, wie ich reagieren sollte. Scheiß Angst.

Ich lösche die Lampen und leuchte mich mit einer großen roten Taschenlampe ins Bett. Es liegen mehrere Decken als Polster auf den Ledermatratzen und ich schlüpfe in meinen orange-grauen Schlafsack. Der Kater bleibt am Ofen. Er scheint ganz entspannt zu sein. Es riecht nach frischer Luft, Holzfeuer und Räucherstäbchen.

Ich gucke durch den Spalt der Vorhänge durch ein Fenster nach draußen. Nach und nach bekommt die Natur Kontur und der Mond erhellt ein wenig die Nacht. Es ist ein friedlich-melancholisches Bild. Ich fühle mich durch

André ein wenig beschützt. Es war gut, unser Zwiegespräch. Wir müssen nicht lügen, um uns zu schonen, so wie es manchmal ist, wenn Menschen nicht wagen, miteinander das zu leben, was sie wirklich sind, nicht lernen, ihre Schatten zu integrieren.

Ich denke an *Maniusza* und *Mirkia*, die beiden Pferde auf der Wiese neben dem Haus, mit ihren Jungen Max und Moritz, und falle in einen traumlosen Schlaf.

DAS ZWEITE HAUS – SPIRITUALITÄT

Ich erwache früh, teile den Samtvorhang mit den Fingern, sehe den Wald und den Himmel und stelle mit Freude fest, dass es draußen hell wird. Die Dunkelheit verzieht sich langsam und mit ihr die Projektionsfläche für dunkle Gedanken und Gestalten. Ich habe die Nacht gut überstanden, kuschle mich nun noch einmal tief und genüsslich in meinen Schlafsack und schlummere wieder ein. Aus einem intensiven Traum heraus weckt mich ein Klopfen. Innerhalb von Sekunden stehe ich mit rasendem Herzschlag auf der Ledermatratze. Ich atme durch. Es ist zehn Uhr, das kann nur Marian sein, der ja sozusagen als Freund zum Haus gehört. Er will nach mir sehen und die Pferde füttern. Ich ziehe mir die Hose über und eine Kapuzenjacke mit Fell an und schlurfe mit halb angezogenen Schuhen zum Hauseingang, rufe „Marian?"

Er lacht nur und sagt „Ja, Delia." Die Polen sprechen alle Vokale kurz. So klingt die Anrede anders als zuhause. Ich öffne und Marian kommt mit einem Hauch Frischluft herein. „*Dzien´ dobry*" grüßen wir uns, und er schüttelt mich an den Schultern. „Angst gehabt? Du noch leben?" Ich grinse und bin nebenbei bemerkt auch etwas stolz, wie die erste Frau im Weltraum: Walentina Tereschkowa.

„*Czy chcesz herbata?*" – „Möchtest Du Tee?", frage ich ihn.

„Gutt, erst Pferde füttern, dann Tee aber wenig Zeit; Delia, kaufe Bulldog." Bulldog bedeutet für ihn eine spezielle Traktormarke. „Bulldog ist gut: Ja – sehr gutt."

Marian nimmt Brot und Äpfel für die Pferde mit und ich hüpfe mit einem Handtuch umwickelt schnell zum Quellfluss und steige ins eiskalte herrliche Wasser und wasche meinen Körper und das Gesicht. Ich fühle mich sofort lebendig, wunderbar lebendig, aber die Füße fangen vor Kälte zu schmerzen an und ich hüpfe wieder ins Haus. Sachen über und Wasser kochen. Der Körper prickelt beim Erwärmen wie Pfefferminz. Herrlich.

Ich lüfte die Räume durch. Draußen ist leichter Frost, aber ich fühle mich warm und frisch, nach dem Bad. Es ist ein Ritual. Als wir uns für dieses kleine Fachwerkhaus und es zu erhalten entschieden haben, war der Fluss der entscheidende Faktor, das Vorhaben zu wagen. Ich brauche die Verbindung zum Wasser. Ich bin am Meer geboren.

Und auf den Bergen sind die Brunnen leer, wenn die Sommer lang und heiß sind. Der Fluss bringt hier reichlich Wachstum und mir und meinen Freunden Wasser zum Kochen, Waschen, Trinken. Eine Quelle ist Leben.

„Es kommen nur ganz spezielle Leute her", sagte Marian einmal.

Ich weiß, was er damit meint.

Das Wasser kocht.

Ich gieße einen schwarzen Tee auf. Und ich lege Feuerholz in den Ofen und zünde es an. Es bringt sofort eine angenehme Behaglichkeit. Der Tee ist fertig und ich gehe raus zu Marian und den Pferden. Er hat immer ein freudestrahlendes Lächeln, wenn er sich um seine Tiere kümmert. Es macht ihn glücklich und die Freude steckt an. Ich füttere mit und streichle die Pferde. Lege den Kopf an die Stirn von *Maniusza* und spüre die Lebensenergie. Sie fließt durch meinen Körper. Die Nüstern der Stute sind feuchtwarm und weich.

Ich betrachte das Haus. Jetzt im Licht ist es ein etwas verändertes Haus, ein zweites Haus. Das gestrige schwamm auf der Dunkelheit. Jetzt im Moment sieht es aus wie ein Mensch, der friert, als hätte das Haus die Muskeln angespannt. Es wirkt ein wenig melancholisch, so im trüben Morgenlicht. Der Himmel ist grau verhangen, nur ab und an blaue Ausschnitte, die dann Sonnenstrahlen auf bestimmte Bergabschnitte werfen. Wäre ich ein Maler, würde ich Licht malen wollen. Licht ist facettenreich und ruft Stimmungen wach. Das Haus wird sich unmerklich ausdehnen, lockerer werden, der Ofen bringt es erst langsam dazu, warm zu werden. Wenn du genau hinhörst, kannst du es stöhnen hören, es streckt sich. Wir gehen ins Warme und setzen uns an den großen, runden, massiven Küchentisch. Marian sagt, dass ich auch bei seiner Familie bleiben könnte, es tut ihm etwas leid, dass ich hier alleine bin. Immerhin hat er mich ermutigt, es auszuprobieren. Ich erzähle ihm von meinem Plan, über die Angst zu schreiben und deshalb hier sein zu müssen. Er lacht und sagt: „Delia, du etwas verrückt aber gutt. Wenn du willst kannst du meinen Hund Zygan haben, kostet 100 Słoty die Stunde oder nein, das bisschen zu wenig, besser 1000 Słoty. Ist ganz besonderer Hund.“ Wir amüsieren uns.

In den hiesigen Dörfern wohnen nur wenige wohlhabende Menschen, Menschen mit Geld. Für manche ist auch heute ein Stück Brot noch teuer. Trotzdem ist alles insgesamt geordnet und entspannt. Die unterste Kaste bilden die Dorfsäufer. Sie sind schwer beschäftigt, müssen am Konsum oder in ihren Behausungen trinken und erhalten zum Überleben eine geringe staatliche Stütze. Es gibt außerdem auf dem Land immer Hilfsarbeiten, in Gärten, an Häusern und Ställen, die sie aber nur selten annehmen. Sie überleben. Jeder kann sich notfalls etwas zum Essen verdienen. Diebstähle gab es hier in der letzten Zeit öfter, besonders, wenn man unvernünftigerweise irgendetwas offen ließ oder lange wegfuhr. Aus unserem Haus wurden auch schon Sachen entfernt. Einmal wollten wir die Polizei holen, aber Marian sagte: „Nix Polizei, ich weiß wer war. Er muss hier in Eiskeller und dann drei Tage Wasser und Brott und er sagt, dass er Dieb.“ Marian war von der Methode überzeugt und ich hätte ihm zugetraut, die Sache in die Hand zu nehmen. Wir konnten ihn besänftigen und schenkten dem Dieb zusätzlich Essen und Trinken, da er wenig hatte, und er schämte sich sehr und entschuldigte sich.

Ich zeige Marian eine alte Schamanentrommel aus Nepal, die ich von einer Reise nach *Kathmandu* und von dort aus in den Himalaya mitgebracht habe.

Eine so genannte *Denguru* mit einem aus Holz gebogenen, schlangenähnlichen Schlegel, dem *gaja*. Die *Jhankris*, wie die Schamanen in Nepal genannt werden, trommeln auf ihr während der Heilzeremonien, aber auch zu vielen anderen Anlässen. Ihr Klang bringt sie in eine Trance. Die Denguru besteht aus 12 Elementen, wie uns beigebracht wurde. Der Jhankri, der diese Trommel spielt, ist das 13. Element.

Da wäre der *Phurba*-Griff, der sogenannte Geisterdolch. Dieser ist in drei Abschnitte unterteilt, die drei Welten symbolisieren, die Oberwelt, die Unterwelt und die Mittelwelt, in der wir leben. Der untere Teil zeigt drei Flächen, welche die Vergangenheit, die Zukunft und die Gegenwart symbolisieren. Sie münden in der Spitze des Augenblicks.

Der mittlere Teil ist der, an dem die Trommel gehalten wird. Dieser symbolisiert die Mittelwelt. Mein *Tamang-Phurba* zeigt drei Gesichter am oberen Teil. Dann die Trommel selbst. Sie besteht aus dem Trommelrahmen, Bambusschnüren und den Fellen auf beiden Seiten. Das Holz ist in der Regel aus Eiche oder Kastanie. Die Haut meiner Trommel stammt von Bergziegen, wobei die *Jhankris*, wie man mir berichtete, darauf achten, dass die Ziegen nicht von ihnen getötet werden. Es gibt auch Trommeln mit dem Fell von Moschushirschen und Affen. Auf beiden Seiten sind die Felle mit Symbolen bemalt, sind geweiht. Auf der einen Seite befindet sich das Om-Zeichen, auf der anderen Seite ein *Trishul*, das Zeichen für den Gott *Shiva*. Bewegt man diese Trommeln, hört man Geräusche, denn in ihr sind drei kleine Gegenstände: ein Talisman, ein Steinchen oder ein Kristall und eine Kupfermünze. So erzählte es Mohan Rai, mein Lehrer.

Die Trommel und damit auch der *Phurba* kann durch bestimmte Schläge und Mantras erweckt werden. Die *Jahnkris* benutzen ihn zum Heilen. Er soll die schlechte Energie des Patienten aufnehmen. Die zerstörerische Energie kann dabei nicht getötet, aber umgeleitet werden. Wenn ein Jhankri eine Heilungszeremonie mit dem Geisterdolch ausführt, berührt er den Körper des Patienten an mehreren Stellen vom Kopf bis zu den Füßen. Er rammt dann den Phurba in das Erdreich und leitet so die negativen Kräfte ab.

Marian ist beeindruckt, denn diese Trommel strahlt schon beim reinen Betrachten Kraft aus. Sie muss zu einem Menschen finden. Und nicht jeder sollte sie erwecken. Er mag sich aber dem Thema nicht weiter hingeben, denn ich erzählte Marian einmal, dass mich der Schamanismus interessiere. Er verfrotzelte das Thema schnell, wischte es vom Tisch und meinte: „Ach Delia, Schamanen sind Quatsch. Ich denke schon, wenn wir geboren, ist unser Leben geschrieben.“ So seine Worte dazu.

Er kennt den Schamanismus nur vom Hören-Sagen und für ihn ist es wohl eher eine Art esoterische Geist-Heilung, die nur auf Einbildung beruht. Da er aber im Inneren spürt, dass er sich auch irren könnte und Ungewissheiten unruhig machen, wendet er sich abwinkend anderen Dingen zu. Die Jhankris sind nicht nur Heiler, sondern sie können in Trance durch die drei Welten Unterwelt, Mittelwelt und Oberwelt reisen und erkennen, welchen Ursprung Krankheiten haben, und können so heilen. Das Können der Jahnkris beruht auf ihrer Berufung, dem Erlernen des Wissens und vor allem ihren Erfahrungen mit der Natur.

Marian geht nun noch zu den Ziegen, um diese zu füttern.

Das Thema der Spiritualität ist selten einfach mit anderen zu bereden. Die Menschen sind unsicher, was sie nun glauben sollen oder was nicht, und sie haben Angst davor, Dinge zu erfahren, welche ihr mühsam zusammengeschustertes Weltbild und damit auch das Selbstbild verändern oder in Frage stellen könnten. Was wäre aber, wenn nach dem Tod nicht alles so ruhig zuginge und die Wege, je nach Lebenswerk, verschieden aussähen? Was wäre, wenn wir auf einen Planeten zurückkämen, der von unserem Wohlstandsmüll zugeschüttet würde?

Es würden einige Menschen nun doch umdenken.

Auch ist das Thema Spiritualität oft unbeliebt, weil es mit dümmlicher Esoterik und Scharlatanerie gleichgesetzt wird, welche die Menschen im Einschätzen dieser Dinge vorsichtig machen, mit Recht vorsichtig machen. Deshalb lernte ich die *Jhankris* im Himalaya persönlich kennen und es beeindruckte mich sehr, auf welches alte Heilwissen, das auf Erfahrungen beruht, sie zurückgreifen. Viele Menschen wurden durch dieses Wissen geheilt. Ärzte und Wissenschaftler aus verschiedenen Ländern versuchen nun wieder mit diesen *Jhankris* ins Gespräch zu kommen und von ihnen zu lernen. Einige Wissenschaftler sind verunsichert, wenn sie die Heilerfolge der *Jhankris* miterleben. Nicht wenige versuchen dann, alles herkömmlich und rein wissenschaftlich zu analysieren und den Heilerfolg mit Placeboeffekten gleichzustellen, doch sie sehen nur zweidimensional, sie sehen nur Körper und Psyche als neurobiologisches Funktionssystem, sie erkennen nicht den Geist. Sie haben Wahrnehmungsstörungen und fürchten um die Absolutheit ihrer scheinbaren Wichtigkeit. Sie streiten um den Erhalt ihres zu engen Weltbildes. Ich empfinde es als eine wichtige Aufgabe, sich über Heilmethoden für die Menschen und den Umgang mit der Natur auszutauschen. Es erweitert den Blick, die Einsichten in die Ursachen von Krankheiten und damit die Möglichkeiten der Heilung. Und die größte Krankheit der Menschheit ist die Selbstzerstörung, das Zerstören der Natur. Auch der Umgang mit der Angst ist kulturell geprägt.

Die Natur ist beseelt. Das wirklich zu spüren erfordert, sich zu öffnen, in Resonanz zu gehen mit dem Leben.

Eine große Rolle beim Kommunizieren dieser Fragen der Spiritualität, des erweiterten Wahrnehmens, spielt die Befürchtung, sich lächerlich zu machen. Sobald ein Mensch im Umfeld seiner Bezugsgruppe nicht mit der dort gängigen Meinung aufwartet, wird er zumeist verspottet und herabgewürdigt. In sehr persönlichen Gesprächen trauen sich Menschen leichter, ihre eigenen Hypothesen preiszugeben, die zumeist nicht nur materieller Art sind. Es lohnt sich, diese Themen tiefer zu durchdenken, wie mir scheint, denn es bewegt viele Menschen, wenn oft auch nur heimlich, also „innerlich".

Ich erinnere mich an eine Nacht im Himalaya bei Minusgraden auf einem kleinen Dorffriedhof. Jeder bekam einen Platz vom *Jhankri* zugewiesen und dann wurden die *Masans*, die Totengeister, durch eine Zeremonie angerufen. Man sagte uns, es seien die guten Geister, nicht die Rastlosseelen der sogenannten *Bhutas*. Wir sollten den Masans begegnen, die helfen können, Krankheiten zu heilen. Sie helfen gerne, wie uns gesagt wurde. Nach der Zeremonie mit gesprochenen Mantras durch den *Jhankri Dawa Sherpa* und dem Opfern von Räucherstoffen und Reis wurden alle Taschenlampen ausgeknipst und jeder blieb, an ein Grab gelehnt, alleine. Bevor die Lichter ausgingen, drückten alle Gesichter unserer internationalen Siebenergruppe große Angst, bei einigen fast Panik aus. Doch keiner rannte fort. Wir ließen die Masans erscheinen. Lichter kamen, Berührungen waren spürbar. Ich streute Reis mit einer erlernten Schutzformel, und so gingen die Lichter wieder. Am Rücken pochte es und eine abgegrenzte Stelle wurde sehr warm. Es war die Stelle, wo ansonsten Rückenschmerzen sind. Diese kamen nach dieser Nacht bisher nicht wieder. Alle hatten ziemliche Angst vor diesem stundenlangen Sitzen und vor den Geistern und der Kälte. Ich schaffte es achtmal, das Autogene Training durchzuführen: „Ich bin ruhig, ganz ruhig.“ Im Jahr davor rannte ein Mann vom Friedhof und machte sich in die Hosen. Die meisten Menschen hätten Angst. Warum eigentlich, wenn es doch nach wissenschaftlichen Aspekten keine Geister gibt und alle Menschen heute so modern und aufgeklärt sind. Was also fürchten wir?

Ein Haus ist mehr als seine Substanz. Es beherbergt Leben, es herrscht ein Geist.

Ein Körper ist mehr als seine Substanz. Er ist verbunden mit der Seele.

Ein gestorbener Mensch ist mehr als sein verlassener Körper.

Einer der bedeutendsten Unterschiede zwischen dem Leben in Ostdeutschland und Westdeutschland nach dem Mauerfall war für mich, welchen Raum Inhalt und Form im Denken der Menschen annahm. Versuchten die Ostdeutschen zumeist, der Gefühls- und Inhaltsebene im Miteinander und der Solidarität untereinander mehr Raum zu geben, so versuchten die westlichen Bekannten häufig, die Form des Umgangs zu vervollkommnen. Heute hat die Formveredelung ersichtlich gesiegt. Eine schöne Form wird gerne gesehen und gewürdigt, doch erschreckend ist nicht selten der Inhalt.

Zur Anpassung im Leben der Menschen gehörte sicher auch immer das relative Übereinstimmen im Beurteilen von Formen. Schönheitsideale, Verhaltensweisen wurden in der jeweiligen Gesellschaft vorgegeben, bezüglich der Kleidung, der Körperformen und Attraktivität, sprachlicher Besonderheiten, Trinkgewohnheiten, hinsichtlich des sogenannten Führungsstils, die Art dessen, was die Menschen für Luxus halten, womit sie sich schmücken. Es gehört zur Kultur, zum Ausdruck des Lebens. Wem sind Äußerlichkeiten schon wirklich egal? Mir nicht, obwohl ich um das Täuschen weiß. Oberflächengestaltung als humorvolles, kreatives Spiel im Leben kann sehr belebend sein. Darüber drücken wir uns aus.

Eben sehen und hören. Aber was ist mit dem Fühlen?

Wir sollten mit Recht vor Angst schlottern, wenn wir nicht mehr empfinden, nur noch Kopf sind, körperlos, gefühllos, manipuliert durch das Oberflächensystem, in dem wir leben.

Mich kann ein Mensch augenblicklich abstoßen, auch wenn er alle äußeren Sympathiezeichen trägt. Viele psychische Patienten bestehen nur noch aus ihren rationalen bzw. auch irrationalen Gedanken. Sie werden von ihnen geleitet, aber auch gejagt, gehetzt und gequält. Sie leiden oftmals unendliche Qualen. Das Körpergefühl, die eigene Natur, die Verbindung zur Seele ging verloren. Seelenanteile gingen verloren.

Tiefe, Erfassen.

Sie ängstigen sich in ihrem Kopf.

Ich sitze in der Küche und mir fällt assoziativ eine alte Hausgeschichte ein. Oft bereiteten wir im Sommer das Essen auf einem Grill zu. So zog der Duft der köstlichen Nahrung durch die Gegend und lockte Gäste an. Manchmal kam *Ddschingsi*, der kleine Hund des Nachbarn, manchmal guckte eine Katze vorbei, die aber auf Entfernung blieb. Manchmal schlossen sich die Tiere zu einer

Art Bande zusammen. Der Größte angelte mit der Pfote die Nahrungsmittel vom Tisch, die nachts von Menschen draußen liegengelassen wurden, die anderen standen Schmiere und fraßen dann das Erbeutete mit.

Dann polterte es nachts vor dem Haus. Sonderbar. Wir brauchten eine Weile, um zu bemerken, wer sich heimlich versorgte. An einem Spätnachmittag kam plötzlich ein großer Hund wie eine Erscheinung unter den breiten Zweigen einer Tanne hervor, die direkt vor unserem Haus stand. Er hatte sich in der Nacht darunter verkrochen. Es war ein etwas gespenstisches Bild. Es war ein altes, schwarzgraues Tier, das auf wackligen Beinen auf uns zukam und uns ansah. Er war an den Vorderbeinen verletzt. Der arme Hund war so groß wie eine Dogge, sein Blick war friedlich und bittend. Es war ein Mitleid erregendes Geschöpf. So gaben wir ihm vom Essen ab und er blieb neben uns liegen. Wir hatten diesen Hund im Dorf noch niemals gesehen. Er trug ein verwittertes, sehr altes Leder-Halsband. Im Wald auf dem Berg, der uns im Rücken lag, gab es eine alte Siedlung. Es lag dort versteckt ein altes deutsches Landschulheim aus der Nazizeit. Ein breiter, mit Eichenbäumen gesäumter Weg führte zu einem ehemaligen Kommando-Haus, rechts daneben sah man noch gut die langgezogenen Wohn- und Speiseräume im neoklassizistischen Stil. Ein altes Holzgebäude war ein ehemaliges Ärztehaus, das nun aber schon enorm verwittert und teilweise zerfallen war. Dieser ganze Gebäudekomplex zerfiel hier langsam, unbeachtet und unweit dieser Gebäude wohnten uralte Mütterchen, die in ihrer Ausstrahlung alten Hexen glichen. Kaum jemand würde sie einfach aus Freundlichkeit anreden. Sie schienen wie

Berggeister, die ihre Ruhe wollten. Sie schienen im weiteren Sinne von der Zivilisation abgeschnitten. Vielleicht war so ein Mütterchen gestorben und der Hund hatte sich vor lauter Hunger befreit. Das schien mir denkbar. Und es passte zur Ausstrahlung des Hundes, nicht ganz von dieser Welt zu sein. Meine Gefühle zu ihm schwankten zwischen großem Mitleid und Furcht, wie sollten wir nun weiter handeln? Wir hatten einen unfreiwilligen Gast.

Der Hund brachte eine negative Stimmung auf.

Er war die wandelnde Krankheit, Gefahr und Vergänglichkeit, und wir konnten damit nicht umgehen, ohne irgendwie bedrückt zu sein. Keiner wollte eigentlich von diesem Wesen behelligt werden. Er musste irgendwie wieder gehen. Wir versuchten, ihn zu verscheuchen. Die Wunden waren nicht entzündet, sie würden wohl heilen, und wir wollten ihn nicht als unser Problem. Doch der Hund blieb und guckte treu und friedlich. Man sah ihm an, dass er schon sehr viel erlebt hatte. Es war abgrundtief bedauerlich und es ist nicht übertrieben, dass wir meinten, diesem Hund in die Seele schauen zu können.

Er brauchte mehr Liebe als Nahrung, doch wir konnten sie ihm nicht geben, ihn nicht mitnehmen in unsere Stadt, ihn nicht an uns gewöhnen. Wir fuhren damals nach drei weiteren Tagen wieder nach Berlin und ließen den Hund in dem Glauben zurück, er würde sich trollen.

Als André nach einer Woche wiederkam, kroch der Hund unter der Tanne vor. Er war dort geblieben und war vollends abgemagert und konnte sich nur sehr mühevoll auf den verletzten Beinen tragen. André und Marian fragten die Leute im Dorf, ob jemand seinen Hund vermissen würde, aber keinem fehlte er. Er würde dort am Baum liegenbleiben und sterben, wenn André wieder nach Berlin musste. So lud er den Hund in das Auto und fuhr zum Tierarzt in das nahe gelegene kleine Städtchen M. Der Tierarzt klopfte André nach der Untersuchung des Tieres respektvoll und traurig auf die Schulter und sagte, dass der Hund zu retten sei, wenn man es wolle. 1000 Euro würde es in Berlin ungefähr kosten, ihn zu heilen. Er müsste dann mitkommen in die große Stadt und könnte vielleicht noch ein oder maximal zwei Jahre leben. Das, wusste André, konnten wir uns nicht leisten, und ihn mitzunehmen war unmöglich. Der Tierarzt sagte, dass es in diesem Fall besser wäre, den Hund einzuschläfern. Auch ihm tat das Tier sehr leid. Da es unmöglich war, jemandem diesen alten Hund, der sozusagen keine Funktion mehr hatte, zu vermitteln, würde er draußen zwangsläufig verhungern. So wurde der Beschluss gefasst, ihm einen gnadenvollen Tod zu geben. Er bekam Spritzen und sein Herz hörte irgendwann auf zu schlagen. André nahm das tote Tier mit und begrub es in einem Schlafsack an einer alten Ruine. Es war ein bleischwerer Tag.

Es verging der Sommer und der Herbst kam mit viel Regen und unangenehmen Tagen. Als André nun wieder nach Polen fuhr, war aus unserem kleinen Gebirgsbach ein machtvoller Fluss geworden, und nicht nur das. Es war im ganzen Bereich vor unserem Haus eine Art See entstanden. Unglaublich, dass dies möglich war. Diese Wassermassen würden einen großen Schaden verursachen, die gesamte Zufahrt zum Haus zerstören, alles ausspülen. Unter einer kleinen Brücke war der Durchfluss blockiert und das Wasser sammelte sich so ohne Unterlass. André war alleine hier und völlig bestürzt und überrascht von diesem

Bild und der Gewalt der Natur. Ihm fiel augenblicklich der Hund ein und er fühlte sich beengt, das Herz klopfte und er bekam Angst vor etwas Unbestimmtem. Er fühlte die Anwesenheit des Hundegeistes, so als wäre dieses Ereignis die Rache des Geschöpfes, dessen Tod er mit dem Tierarzt herbeigeführt hatte. Andrés Körper und Geist waren in panischer Aufruhr. Jetzt wog die Entscheidung, ein Leben beendet zu haben, zentnerschwer. Er hätte das nicht tun sollen. Doch was wäre die Lösung gewesen? Er wusste es beim besten Willen nicht, und so sprach er leise zum Geist dieses Tieres und bat diesen verfolgenden Geist, er möge weggehen und ihn und das Haus in Ruhe lassen. Er versuchte, diese Energie loszuwerden, und schaffte es durch sein tiefes Empfinden und seine Bitte und seine Entschuldigung.

Er erzählte mir diese Geschichte, als er nach Berlin zurückkam. Es tat mir sehr leid, dass diese unglückselige Geschichte passiert war.

Der Stau wurde mit großem Aufwand behoben.

Es gab dann aber keine weiteren, nennenswerten Überschwemmungen mehr.

Marian holt mich aus dieser Erinnerung, in der ich mich gerade verloren hatte, und bietet mir eine „Papierossa" an, eine Zigarette. Ich nehme sie an. Es ist stärkerer Tabak. Marian will jetzt den Bulldog holen. Ein Traktor ist notwendig, um hier am Berghang alles transportieren zu können. Er darf fünf Hektar Land für seine Tiere nutzen. Es sind polnische Ökowiesen. Hier soll nichts weiter angebaut werden, es handelt sich um reines Brachland. Andererseits soll auch kein Wald aus der Wiese werden. Die

Pferde halten alles licht. Sie fressen alles ab, was an neuen Pflanzen und Bäumen sprießt. Und hier am Fluss explodiert die Natur geradezu. Es herrscht kein Mangel. Für die Zucht von den „*Konniki polskie*“ bekommt Marian etwas Geld. Es bedeutet aber auch Arbeit. Große Heuballen müssen herangeschafft werden, ein Stall wird gebaut. Ob im Sommer oder bei Schnee, immer müsste etwas transportiert werden. Ein „Bulldog“ kommt auch im Winter auf den Berg und kann Dinge transportieren. „Ist für uns gutt“, sagt Marian. „Du trommeln, ich Bulldog fahren. Aber Vorsicht, Delia! Polen katholisch, du vielleicht für die Leute Hexe und dann anzünden.“

Ich denke: „Gut, dass ich schon 20 Jahre hierher fahre und als ‚*Musykami*‘ gelte.“ Da dürfen schamanische Trommelklänge dabei sein. Ich werde sie wohl erstmal besser im Haus spielen, die *Denguru*. Es ist Vorsicht geboten im Umgang mit Kultgegenständen. Ich muss selbst erstmal die Wirkung der Trommel hier alleine in der Natur kennenlernen.

Ich beschließe aber, vorher essen zu fahren und auch einiges einzukaufen. Essen gehe ich in einer Blockhütte im Nachbarort. Es ist ein Luftkurort. Er ist im Sommer voller deutscher Rentner, die hier in Bussen durch die Gegend gekarrt werden. Nicht lange und das Alter gehört auch zu mir und meinen Freunden. Es ist mir bewusst, doch möchte ich nicht in Rentnerbussen umhergekarrt werden, um dann wie Heuschrecken in Städte einzufallen. Es ist unangenehm, dieses Verhalten. Aber heute ist es leer in der Blockhütte. Die Kellnerinnen und der Besitzer kennen mich und grüßen freundlich und ich habe Hunger. Ich esse hier in Polen massenweise *buraczki*, rote Beete, die köstlich und frisch schmeckt. Eine Forelle, Kartoffeln und rote Beete, das ist das Richtige, beschließe ich, dazu ein *Karmi*, ein Malzbier, dass etwas herber und intensiver schmeckt als die Sorten, die ich aus Deutschland kenne.

Ich fühle mich wohl in dieser Gegend. Es ist ein Stück Zuhause.

Das Leben hier ist ruhig und naturverbunden. Es erinnert mich an die Zeit, als ich auf dem Lande bei meiner Großmutter als Kind spielte, in Sandkuhlen, auf Strohmieten. Damals war die Natur noch nicht versiegelt durch Asphalt und entstellt durch Plastemülltonnen. Die Dörfer waren damals Abenteuerland, sie atmeten. Sie waren Bestandteil der Natur, sie waren ein Zuhause. Es waren wilde Orte, deren Geruch und deren verspielte Bilder über alle Lebensjahre in der Erinnerung blieben. Die Bilder ähneln diesen dörflichen Eindrücken und ich schaue mich gerne um. Es gibt mir Kraft. Es aktiviert meinen Körper und Geist.

Auf dem Rückweg kaufe ich verschiedene Nahrungsmittel ein: Obst und Gemüse schmecken hier ländlich gut und sind billig, nicht preiswert. Dazu ein *ser białe*, ein weißer Käse, der wie Quark aussieht. Er wird mit Tomaten, Gurke, Zwiebeln und Dill zubereitet und schmeckt aromatisch und frisch.

Eier lasse ich mir von Marian mitbringen.

Direkt in *Gajuka* kaufe ich selten ein. Alles ist dort für die Dorfbewohnerzahl abgezählt. Die Verkäuferin weiß genau, wer ein Brot benötigt oder Milch. So ist nicht zu viel auf Lager und es muss nichts weggeworfen werden. Ich möchte nichts durcheinander bringen in den wenigen Tagen und kaufe im kleinen Städtchen unweit unserer

Siedlung ein. Ein paar *piwo* lege ich auch mit ins Körbchen, und alleine benötige ich unbedingt Naschkram.

Ein paar Schachteln *Jan Sobieski* zum Rauchen kaufe ich dazu.

Ich fahre zurück zum Haus. Der Ofen ist voll Brennholz, so sind die Zimmer warm, als ich nach oben komme. Ich liebe die gemütliche Wärme eines Holzofens.

Es ist das Herzstück in diesem Haus, der Ofen.

Ohne den Ofen, wäre das Haus kalt und unwirtlich.

Was ist unsere maßgebliche Energiequelle? Bauch oder Herz oder Kopf oder die Geschlechtsorgane oder ist es etwas, was nicht unmittelbar durch die Haut begrenzt wird?

Ich würde gerne meine Erlebnisse mitteilen, Gefühle teilen. Alleine-Sein bin ich nicht gewohnt. Aber dieser Aufenthalt ist wichtig, überhaupt ist das In-sich-Gehen immer wieder wichtig. Die Gemeinschaft nimmt natürlich auch ein Stück Angst weg, aber ich weiß auch: eben nur für Momente.

Mit der nun wieder aufkommenden Dunkelheit und mit dem Alleine-Sein schärfen sich meine Sinne. Jedes kleine Geräusch im Haus nehme ich prüfend wahr, ich spüre meinen Körper bewusster, die Wärme des Ofens, die Spannung der Muskulatur, die Körperhaltung, den Geruch in den Räumen und vor der Tür, wohin ich ab und zu eine Zigarette rauchen gehe und nach den Sternen sehe. Mein Atem verursacht einen winzigen Nebel, ebenso der Rauch der Zigarette. Die Bewölkung lässt gerade einmal zu, dass der Mond milchig trüb hindurch scheint. Ob vor der Tür oder im Raum: Durch das Alleine-Sein komme ich ganz zu mir oder trete in Verbindung mit Entferntem. Ich kann an Menschen denken, indem ich mich auf sie konzentriere. Dann sehe ich meine beschlossenen Urteile über sie. Doch ich kann sie auch nahe rufen, ohne zu urteilen. Ich lasse alles in mich einfließen, was an Gefühlen kommt, wenn ich einfach an sie denke, und gebe das Steuer der Gedanken ab, indem ich nur auf meine Körperempfindungen achte und Bilder kommen und gehen. Dies zeigt mir die reine Wahrnehmung, es ist Schwingung.

In der größten Resonanz stehe ich mit einem Mann, den ich in der Nacht auf einem Spielplatz kennengelernt habe. Es war im September, eine rote Mondfinsternis sollte es geben. Ich ging um 4.30 Uhr auf den Teutoburger Platz, um diesen angekündigten „Blutmond" zu sehen. Ich nahm an, dass einige Menschen aufstehen würden, um sich das faszinierende Schauspiel anzusehen. Es war eine milde, schöne Nacht und es war ruhig. Ein Paar ging Hand in Hand durch die Straßen. Sie hatten einen Fotoapparat mitgenommen und wir lächelten uns an, weil auch sie den besonderen Moment genießen wollten. Ansonsten war absolut niemand zu sehen. Ich war überrascht von der Verschlafenheit der Großstädter. Es konnte sie ein so seltenes Naturschauspiel nicht mehr vor die Tür locken, sondern nur noch vor den Bildschirm. Ich ging auf den Spielplatz, schaute mich vorsichtig um, ob irgendjemand in der Nähe wäre. Nach einer Weile sah ich, dass ein Mann mit einer Gitarre auf der Wiese saß und leise für sich spielte. Sanfte Töne waren zu hören. Erkannt habe ich nur seine Umrisse. Ich ging langsam zur Schaukel und betrachtete den

Himmel und noch mit etwas Skepsis den Gitarrenspieler. Das Schauspiel hatte begonnen. Es erzeugte eine besondere Stimmung, ganz still zuzuschauen, wie der Mond sich verdunkelte. Die leisen Gitarrentöne, passten dazu. Ich ließ mich von der Schaukel tragen und es war wunderschön, diesen Moment wie ein kleines Kind zu genießen. Eine ganze Weile gab es einfach nur dieses Erleben. Dann kam der Mann mit seiner Gitarre langsam zu mir und lächelte mich freundlich an. Ich durfte mir ein Lied wünschen, weil es ein besonderer Abend sei. Ich sagte, dass er einfach improvisieren könne. Er überlegte kurz, betrachtete mich und spielte dann eine wunderbare Melodie, ganz still, ohne Gesang. Es gefiel mir sehr. Ich suchte einen Gitarristen für meine Band, denn ich hatte eigene Songs vertont. So nutzte ich die Gelegenheit und fragte den Mann, ob er sich vorstellen könne, sich Aufnahmen von mir anzuhören und vielleicht mitzumachen. Wir tauschten unsere Telefonnummern und verabschiedeten uns. Ein paar Tage später sendete er eine Nachricht, dass ich am Mittwoch einfach mal vorbeischauen könne.

So bin ich sozusagen in seine Wohnung geschneit. Wir hatten keine genaue Uhrzeit abgesprochen. Ich klingelte und er bat mich herein. Es waren einige Leute anwesend, die ihm alle in ein Zimmer folgten, wo er offensichtlich noch eine Tätigkeit beenden musste. Ich setzte mich etwas aufgeregt in der Küche auf einen Hocker. Er kam nun zu mir und die Blicke streiften sich, jetzt in der Helligkeit, am Tag. Die anderen Gäste, auch seine Freundin, kamen hinterher und wir unterhielten uns. An der Wand hing ein Bild von ihm. Er sah auf diesem recht hart und herrschend aus, so lächelte ich innerlich, denn nun war er eher etwas gemütlich geworden. Er schien zufrieden zu sein. Wir tranken Tee und hörten uns meine Aufnahmen an, die ihm ganz gut gefielen, doch er sah natürlich auch, dass man diese wesentlich besser gestalten könnte. Es war ein schönes Gespräch. Wir trafen uns also in der nächsten Zeit zum Musizieren. Wir komponierten und verbesserten vorhandene Songs, nahmen sie auf, und es war eine große Freude, miteinander umzugehen. Es gab von Beginn an eine Vertrautheit, eine Wärme im Umgang miteinander.

Unsere arbeitsbezogene, absichtlich eingenommene Distanz verringerte sich mit der Schönheit der Momente. Er setzte sich absichtlich in meinen Schatten. Es machte mich eigentlich unsicher, doch ich ließ ihn näher rücken, denn er gefiel mir und es verwirrte mich angenehm. Wir flirteten und dachten uns aus, was wir gemeinsam an ungewöhnlichen Konzerten organisieren könnten. Wir stimmten uns fröhlich, wir waren voller Ideen und begehrten uns. Dieses Begehren war ganz einfach wunderbar. Doch ich war sozusagen einem Mann über den Weg gelaufen, der schon in einer Partnerschaft lebt. Durfte ich das zulassen?

Ich war hin- und hergerissen. Das Begehren richtet sich nicht nach der herrschenden Moral, was wohl die meisten Menschen wissen. Wir begannen, uns zaghaft zu berühren und uns ganz allmählich auf uns einzulassen. Seine Freundin war traurig und wütend, als sie es bemerkte. Doch wir konnten nicht stoppen. Es war auch klar, dass ein Mensch nur die Bezugspunkte wechselt, die ihm scheinbar Liebe und Sicherheit bieten, wenn er etwas vermisst, wenn es nicht mehr so ganz stimmt mit der herkömmlichen Beziehung. Handelten wir also wider die Moral?

Wir schätzen die Vorgaben der Moral immer dann, wenn es um unsere eigenen Verlustängste geht. Moral ist ein Konstrukt, um der Angst vorzubeugen, dass alles unkontrollierbar wird. Wir zogen uns an, weil wir etwas vermissten. Berührungen und einen Menschen, der uns auf seine ganz besondere Art spiegelt und erfasst.

Ich erinnere mich an eine Begebenheit in einem Lokal. Ich hörte eine Frau sagen: „Ich bin lebendig, Männer lieben mich eben.“ Der Satz ging widerstandslos in meinen Körper und erwärmte mich, machte mich fröhlich. Wie wunderbar ist es, dass wir uns gegenseitig anziehen, aber wie selten ist es wiederum, dass wir uns tief verbunden fühlen, uns von einem Menschen wirklich erfasst fühlen. Dieser Zustand ist durchaus flüchtig. Er trifft uns zuweilen tief. Es ist ein Moment, in dem die Gedanken aufhören, es ist reines Empfinden. Es ist Körperlichkeit und Resonanz. Ein Raum öffnet sich. Wir empfinden Weite und Grenzenlosigkeit, Kraft, Austausch.

Dieser Mann ging mir nicht mehr aus meinen Gedanken. Ich verfing mich in dieser Energie, so könnte ich es am besten beschreiben, emotional mit großer Tiefe. Ich sehnte mich nach seiner Nähe. Wir mochten uns sehr. Er war hin- und hergerissen zwischen angenehmem Spiel und umsetzbarer Idee, mit mir auszubrechen. Er sprach aber auch von der Angst Menschen zu enttäuschen, mit denen er lebte.

Ich konnte ihn gut verstehen, denn von einer Liebe Abschied zu nehmen, die lange Zeit gut tat, ist schwierig und betrifft zumeist ein ganzes Umfeld. Man meint, die anderen schonen zu müssen. Angst entsteht. Doch nimmt man auch die Chancen von Veränderung für alle aus dem

Spiel. Hier schien er geschützt zu sein. Doch war nicht vielleicht das Gegenteil der Fall?

Und er entschied sich für sein scheinbares Wohl.

Wir stoppten.

Wir verloren uns aus den Augen.

Er bat mich, loszulassen.

Ich war sehr traurig über diesen Verlust.

Doch ein Gefühl lässt sich nicht einfach wegentschließen. Ich sehnte mich weiter nach seiner Liebe.

Was ist Liebe? Das, was der Körper antwortet, wenn er das Wort vernimmt. Es ist das, was uns aufblühen lässt, wenn wir einem Menschen begegnen, dem dieses Gefühl gilt. Dann ist es da und wir erkennen es. Das, was wir empfinden, wenn wir in unserem Erfassen tief gehen. Sie ist wie die kleinen Gebilde hinter dem geschlossenen Augenlid, denen wir mit unserer Aufmerksamkeit folgen können, die wir aber selten ganz deutlich sehen. Sie huschen vor dem Erkennen leicht zur Seite. Manchmal sehen wir für Augenblicke ihre ganze Gestalt. Sie erscheinen vor meinen geschlossenen Augen durchsichtig schön und zart umgrenzt.

Es sind zauberhafte Gebilde.

Liebe bedeutet für mich aber nicht nur die Hinwendung zu einer Person. Sie ist umfassender, es ist die Voraussetzung allem Lebenden gegenüber, ja sogar Dingen gegenüber, mitfühlend zu sein. Und dieses Mitgefühl und das für einen oder mehrere Menschen Da-Sein bedeutet etwas anderes als mit einem Menschen zu leben, dem ich verpflichtet bin. Verpflichtung macht einsam zu zweit. Die Liebe möchte gelebt und empfunden werden. Wenn sie da ist, bringt sie tiefe Freude und oft auch Traurigkeit. Alles, was wir aber zu sehr kontrollieren, mit Macht und emotionaler Erpressung festhalten oder im Namen der dann nur noch sogenannten „Liebe“ rigide anordnen, das, was darüber hinausgeht, ist die Angst vor dem Alleine-Sein, vor der Bodenlosigkeit. Oder es ist triviales Besitzen-Wollen.

Es ist oftmals Lüge.

Diese wird geboren aus Angst.

Liebe existiert nicht verordnet. Sie ist ein Geschenk.

Leben wir sie, empfinden wir Glück.

Eine Entscheidung dafür, mit wem ein Mensch seine kostbare Zeit verbringt und wen er küsst, mit wem er sich Kinder wünscht, das entscheidet nur er selbst. Das sollte jeder Mensch achten. Es ist manchmal sehr schwer, das zu tun.

Es ist besonders schwer dann, wenn wir selbst noch lieben und verlassen werden.

Ist ein Geliebter nun verwerflich, der in einer Partnerschaft lebt?

Ist es egoistisch?

Ist die Liebe egoistisch?

Anarchistisch?

Radikal?

Für Anarchismus bin ich, wenn ich die Regeln brechen will. Dann lenkt das Leben und nicht das Gebot. Ich mag den Anarchismus nicht, wenn meine Regeln gebrochen werden.

Doch auch das passiert folgerichtig.

Dann ist es notwendig, wieder einmal die Bodenlosigkeit zu akzeptieren,

Ich muss dazulernen, improvisieren.

Das ist Leben und auch Entwicklung. Leben ist im Fluss.

Akzeptiere ich sie, die Bodenlosigkeit, gibt es Hingabe, gibt es Anarchie, gibt es Liebe.

In jungen Jahren nimmt sich der Mensch, bezogen auf Liebe und Sexualität, oft mehr Freiheiten. Er bleibt, zumeist aus materiellen, existenziellen Gründen, aufgrund irgendeiner gefundenen Absicherung, nicht bei einem Partner. Der Ältere tauscht die Liebe gerne gegen eine vermeintliche Sicherheit.

Er hat ja seine Erfahrungen, er weiß ja nun längst alles, der Ältere. Er weiß genau, was richtig und falsch ist. Das ist Eigendünkel.

Oder wir denken, einen Menschen zu schützen, indem wir ihn nicht verlassen, wenn die Gefühle verflogen sind.

Vor was schützen wir ihn, vor der Chance, selbst glücklichere Umstände zu finden?

Schützen wir uns nicht eigentlich nur selbst?

Beschützen wir uns vor der Veränderlichkeit, vor dem Leben?

Es gibt viel Einsamkeit in Beziehungen, wenn sie das Ergebnis vorwiegender Diplomatie, und nicht des Gefühls sind.

Ich denke an einen Satz aus einem Film mit Bruce Lee: „Ein Tag ohne Angst könnte die Erfüllung sein."

Ich sehne mich oft nach diesem dann natürlichen Zuhause-Gefühl, nach dem Gehalten-Werden, nach Geborgenheit, nach Freiheit und Liebe.

Die Gedanken an das Thema nehmen mich in Anspruch. Ich gehe ohne Scheu ins Dunkle vor das Haus und rauche zwei *Jan Sobieskie*. Wenn das innere Thema bedeutender ist als die herkömmliche Besorgtheit, so wird diese ausgeblendet.

Man könnte meinen: „Denkt an die Liebe und ihr verliert die Angst!"

Besser: Lebt die Liebe und ihr verliert die Angst!

Dass es zum Teil so ist, hat fast jeder schon erlebt, denn wie unerschrocken sind wir, wenn wir lieben. So fürchtete ich mich nicht, wenn mein vor Jahren noch kleines Kind mit mir alleine hier im Haus war, denn ich wollte ja beschützen, was ich liebe. Also war ich stark. Eine Hauslampe spendet trübes Licht. Ich atme durch und weiß, dass dieses Zu-viel-Nachdenken nicht viel weiterhilft. Es saugt Kraft.

Und es ist nur meine Sicht.

Es gibt nur den Versuch, das zu leben, was wir lieben.

Es ist ein Prozess.

Es ergibt sich sehr selten eine Art Ideal.

Die Liebe ist und bleibt formlos.

Doch steigt aus ihrem Hintergrund auch Gestalt auf für eine unterschiedliche Zeitspanne. Die Gestalt tritt so lange hervor, wie Weiterentwicklung eine Rolle spielt.

Ist alles erreicht, bleiben keine Sehnsüchte, taucht die Gestalt in den Hintergrund, ist sie geschlossen.

Wir können uns alle Dinge im Leben schönreden und tun das. Und ich brauchte Zuwendung und Geborgenheit und Berührungen, Sex, und nahm sie von dem, der mir gefiel und der mir das geben wollte.

Wir bestätigen beständig unser Selbstkonzept.

Dabei geht es nur darum, zu verstehen, dass alle Dinge

veränderlich sind und wir uns fast alle nach Anerkennung und Liebe sehnen. Diese bekommt man da, wo sie eben gegeben wird, wo sie erblüht.

Und in dieses wogende Meer von sich verändernden Gefühlen wirft der Mensch die Moral.

Besonders gerne hängen wir Menschen schlechte Eigenschaften an, die uns besonders gleichen. Ich warf meiner Mutter manchmal vor, mir ihre ganze Ängstlichkeit übergeben zu haben, die ich an ihr nicht mochte. Eine Bekannte warf mir meine „andauernde Angst" vor, ohne das Gesagte näher zu beschreiben. „Merkst du nicht, dass deine Angst alle nervt?"

Ich fragte „alle", doch sie sahen das nicht so.

Die Wahrnehmungen sind also häufig von Projektionen durchzogen.

Einem Menschen fällt das auf, was er kennt.

Zu mir kommen viele Angstpatienten, denen ich in der Regel sehr gut helfen kann.

Ich kenne mich ja aus mit der Angst.

Man könnte dazu sagen: „Gott sei Dank." Sie war die größte Triebkraft zu eigener Persönlichkeitsentwicklung. Sie kann uns sehr quälen, aber uns eben auch zwingen, einen Zwischenstopp im Leben einzulegen, um uns zu verändern. Es lohnt sich, ihr zuzuhören.

Dazu muss die Chance ergriffen werden.

Die Angst bringt durchaus auch lustige Geschichten hervor. Ich erinnere mich an eine Szene vor ungefähr 30 Jahren in der Stadt Bad Frankenhausen. Ich wohnte ein paar Tage bei meinem Freund und seiner Familie und bekam Halsschmerzen, eine sehr starke Angina und Fieber. Ich musste zum Arzt und fühlte mich miserabel. Das Sprechzimmer war absolut überfüllt und es war abzusehen, dass es sehr lange dauern würde, bis ich aufgerufen würde. Alle Patienten saßen frustriert und leidend auf ihren Stühlen. Da hörte man von außen Feuerwehrsirenen. Es schien irgendwo ein Brand ausgebrochen zu sein und die Feuerwehrautos fuhren mit lautem Signal durch die Straßen. Mir fiel sofort ein, einen Toaster benutzt zu haben, den ich womöglich nicht ausgemacht hatte, und in mir kam eine große und intensive Angst auf, dass ich nun die Wohnung, in welcher die Familie noch schlief, abgebrannt haben könnte. Ich sprang von meinem Stuhl auf und äußerte meine Gedanken laut vor allen Leuten im Wartezimmer: „Ich glaube, dass ich den Brand verursacht habe“, und ging mit forschem Schritt an allen vorbei zum Arztzimmer, klopfte aufgeregt und sehr laut an, riss die Tür auf und erzählte es auch den Ärzten. Ich hätte diesen Brand verursacht und müsste deshalb sofort untersucht werden, damit ich dann dort am Brandherd die Sache regeln könnte. Alle fanden das normal, dass ich vorging und mich selbstverständlich noch untersuchen ließ, nachdem ich wahrscheinlich gerade eine Wohnung mit Menschen darin niedergebrannt hatte, und sie waren einverstanden, dass ich sofort an der Reihe war mit meiner Untersuchung. Ich bekam eine Penizillinspritze und wollte nun losgehen, um mich der Sache der fahrlässigen Brandstiftung zu stellen. Was würde sein, wenn nun jemand verbrannt wäre? Ich sah mich schon im Gefängnis, Schuld am Leiden unschuldiger Menschen.

Als ich dort am Haus der Familie völlig aufgelöst ankam, war alles ganz ruhig und in Ordnung. Es war eine absurde Situation, aber wer versteht nicht die Angst?

Heute kann ich darüber lächeln.

Also ist es auch durchaus möglich, Ängste mit Humor zu betrachten.

Es gehört zum menschlichen Sein, Angst zu empfinden, und es hat seine Gründe, wenn diese überhand nehmen. Wirft man einem Menschen seine zu großen Ängste vor, so sollte man sich selbst betrachten, vor allem seine Projektionen.

Es lohnt sich auch, zu überlegen, weshalb der Betrachtete Angst hat.

Vielleicht benötigt der Mensch gegenüber Hilfe.

Ich proste den Bäumen zu, die wie Schatten vor dem Haus stehen.

Unsere Schatten, unsere als negativ angesehenen Ich-Anteile, entstanden einmal, um uns zu schützen, psychische Grundbedürfnisse zu befriedigen. Sie waren teilweise überlebensnotwendig. Sie sind nicht Sprache der Armut eines Menschen, sondern seiner Bedürftigkeit, und das ist ein wichtiger Unterschied.

Das beständiges Urteilen kostet viel Kraft.

Meine Bekannte urteilte und verurteilte.

Ich erinnere mich noch an einen Auftrag, den ich heute selber gerne im Rahmen einer Therapie vergebe: „Einen Tag lang nicht bewerten, nicht kritisieren, nicht beurteilen." Versuche es einmal, gehe aus dem Haus und beobachte Dich, sobald du die ersten Mitmenschen triffst. Es wird dich belustigen, lerne dich kennen.

Es ist etwas anderes, zu urteilen, als wahrzunehmen und zu empfinden. Ich möchte empfinden, tiefer gehen in der Betrachtung.

Spreche doch einmal den Namen einer Person aus, schließe dabei die Augen und lasse in dich einfließen, was an Bildern, Gefühlen und Assoziationen auftaucht. Lasse dir Zeit dabei. Das Resultat dieses Versuches könnte Verständnis für das Empfinden des anderen oder eine beginnende Ahnung davon sein.

Wir scheinen in der Lage zu sein, in ein Energiefeld oder Informationsfeld eines Menschen einsteigen zu können. Das gelingt, ohne ihn zu kennen. Bert Hellinger benutzte diese Phänomene der sogenannten „morphogenetischen Felder“ bzw. der Resonanz für seine bekannten Familienaufstellungen. Ich selbst habe es in vielen Therapien gesehen und erlebt und war beeindruckt von dem Vermögen, sich einfühlen, sich verbinden zu können.

Du gehst in eine Rolle eines dir nicht bekannten Menschen und benimmst dich in dieser Rolle wie dieser Mensch, fühlst wie dieser Mensch. Oft gelingt das eindeutig ersichtlich. Doch sollte man diese Phänomene natürlich mit Vorsicht betrachten, die gewonnenen Informationen als Möglichkeit annehmen, wenn sie hilfreich sind. Diese Methode ist fehleranfällig. Doch das Einfühlen, das tiefere Wahrnehmen, verändert nicht selten entscheidend Perspektiven.

Es gibt verschiedene Definitionen der Weisheit. Es werden die Rationalität, die Fähigkeit, Probleme sinnvoll zu lösen, Intuition, Wissen, Glauben, Empfinden und Erfahrungen in unterschiedlichen Zusammensetzungen mit einbezogen.

Die Erfahrung und damit verbunden das Empfinden sind dabei am eindrucksvollsten, nur wird es von Papiertigern unterschätzt.

Ich möchte heute Abend auf meiner *Denguru* trommeln und probieren, was passiert.

Die Trommel ist von den nepalesischen Schamanen, den *Jhankris*, geweiht und gesegnet. Sie ist aufgeladen, wie man auch sagt. In gemeinsamen Trommelsessions mit anderen Leuten habe ich etwas Erfahrung gesammelt. Ich weiß um Visionen, die entspringen können. Sie waren bisher belebend und nicht beängstigend, eher kindlich. Ich kenne die Entstehung ungewöhnlicher innerer Bilder auch aus der Hypnotherapie, mit der ich viel arbeite. Die Hypnotherapie ist eine heute wissenschaftlich anerkannte psychotherapeutische Methode, vor allem auch hilfreich in der Krebstherapie. Es ist die Arbeit mit dem sogenannten Unbewussten, mit inneren Bildern, aber auch mit dem Anzapfen kollektiver Erinnerungen. Ich weiß, dass viele Heilungsprozesse psychischer Störungen ohne diese Methoden kaum vollständig vorstellbar wären. Die Bedingung für derartige Therapien ist es, sich darauf einzulassen, im wahrsten Sinne des Wortes seinen Horizont zu erweitern, indem man in sich geht. Selbstheilungsprozesse werden dann oft wirkungsvoll unterstützt oder auch erst initiiert.

Es geht beim schamanischen Trommeln nicht um ein alternatives Zusammengehörigkeitsgefühl, sondern ebenfalls um die Möglichkeit, in Trance zu gehen und tiefere Erfahrungen zu ermöglichen, das innere Geschwätz und Außenreize und den rational analysierenden Kritiker weitgehend auszuschalten. Wir treten in Verbindung mit unserem Inneren und auch mit nicht sichtbaren Kräften, die uns umgeben. Ängste kommen durch den Körper, werden konditioniert, sozusagen eingefleischt durch körperliche Stressreaktionen wie Herzklopfen, Schweißausbrüche,

Atemnot, und müssen durch den Körper wieder gehen oder sich wandeln.

Führt man einen Angstpatienten in eine Trance und die negative Energie kann sozusagen durch bestimmte Hypno-Techniken herausgeholt, abgeleitet werden, so ist das im Raum deutlich spürbar. Es steht etwas im Raum und sowohl ich als Therapeut als auch der Patient finden es dann selbstverständlich, das Fenster zu öffnen, damit diese Energie entweichen kann. Die Angst allerdings wird nur dann dauerhaft vermindert oder aufgehoben, wenn sie ihre Nachricht überbringen konnte und diese wirklich verstanden wurde. Doch in diesem Bereich sitzt die Täuschung. Jeder Klient ist erleichtert und erstaunt, wenn durch eine Symbolisierung in Trance sozusagen die Angst gelöst werden konnte und sie für den Moment den Körper verlässt.

So hatte der Klient Herr K., dessen Angst ein Kind war, nach einer Trance das Gefühl, als würden endlich die Tentakeln eines Kraken symbolisch von ihm losgelöst werden, und er spürte eine ungemeine Erleichterung. Seine innere Unruhe war schnell gewichen. Er wusste nun schon, dass die Angst ein Kind war und dass das verkörperte Gefühl der Angst wie ein Krake an ihm festgehalten hatte. Er verstand auch die Botschaft der Angst, sich ausreichend Zeit nehmen zu sollen, um sich selbst kennenzulernen.

Doch er machte sich noch nicht auf den notwendigen Weg zu seinem eigentlichen Selbst. Er blieb bei der angestrengten Suche nach einer Beschäftigung, die ihm Geld bringen würde, mit dem Glauben, dass dann alle pathologischen Ängste verschwinden würden.

Viele Menschen haben das, was sie als „ihr Leben“ bezeichnen und damit alles Äußerliche meinen, scheinbar einigermaßen unter Kontrolle, aber sie kennen sich selbst nicht ausreichend. Sie hatten keine Zeit für sich und wussten auch nicht, wo sie sich begegnen könnten. So werden sie je nach Situation hin- und hergeworfen. Sie haben die Tiefe ihrer Existenz noch nicht gespürt.

Das Verständnis allein, eigentlich etwas daran ändern zu müssen, ist allerdings nicht ausreichend. Es ist ein guter Anfang.

In unserer Kindheit und Jugend lernen wir durch Anpassung, wie wir zu Liebe und Anerkennung kommen, die wir brauchen, um seelisch zu überleben. Es entwickeln sich Verhaltensmuster, die über wechselnde Bedingungen oft relativ stabil bleiben. Herr K.‘s Klassenlehrer hatte ihm in jungen Jahren prophezeit, er würde einmal mittellos und einsam sein, weil er angeblich zu faul wäre. Das hatte ihn innerlich getroffen. So bestand der maßgebliche Sinn seines Lebens bisher darin, das Gegenteil zu beweisen. Er arbeitete als Manager einer international namenhaften Computerfirma und lebte auf großem Fuß. Sein Umfeld, ebenfalls erfolgreiche Manager, spiegelten ihm Bedeutung. Er organisierte perfekt, seine Frau, die er heiratete, organisierte perfekt, ihr Leben schien perfekt, solange die Situation ein erfolgreiches Schaffen zuließ. Das Essen war ausgewählt, der Wein schmackhaft und edel. Seine durchaus sehr sympathische Frau brachte alles mit dem Satz auf den Punkt: „Wir definieren uns durch unsere Arbeit.“, gemeint eine Arbeit, die viel Geld und Prestige bringt. Nun nahm man ihm seine Position weg. Es blieb ein undefinierter Mensch, eine Hülle. Die Angst, das warnende Kind, bat ihn nun immer dringlicher darum, sich anders zu definieren, sich wirklich kennenzulernen. Denn er war keinesfalls Hülle, er war nicht unbelebt. Er wusste sozusagen nur nicht, was alles in ihm steckt. Er sah seine eigene wirkliche Schönheit nicht. Das Kind Angst sorgte für immer wieder aufkommende starke Unruhe und Panik, was ihn quälte. Das verstand er. Bewusst strebte er dann wieder an, wirklich etwas zu ändern, doch das Unbewusste hing wie an einer öligen Erfolgsstange. Es wollte unbedingt die Höhen wieder erreichen. Es ging weiterhin nur darum, sich und anderen Leistungsfähigkeit zu beweisen und dafür prominent geehrt zu werden. Er wollte sich nicht den Schritt trauen, einen wirklichen, einen anderen Lebenssinn zu finden. Er schaffte es nicht, mit einer Gelassenheit zu beginnen, sich ein einfaches, erfülltes Leben zu schaffen. Er konnte den Blick nur auf Materielles richten, er sah nur Verlust, keinen möglichen Gewinn aus der Situation. Er hat sich ein Umfeld geschaffen, in das man nur „erfolgreich", in diesem Sinne wohlhabend, passt.

Die reine Menschlichkeit schien zu wenig zu sein.

Auch die Einrichtung seiner Wohnung spiegelt diese Kälte zu sich selbst in einem gewissen Ausmaß wider. Glatte, kalte, anthrazitfarbene Ledersofas, zwei Designer-Schränke aus Metall, teilweise mit Leder verkleidet, ein großes Bild über dem Business-Esstisch, das in grauen Kontrasttönen eine Großstadt mit ihren Wolkenkratzern zeigte, ein künstlicher Kamin, der mit Brennpaste entfacht wurde. Ein kaltes, edles Design, das für diese Art, zu leben, typisch ist. Nur, wenn Gesellschaften kamen, wurde es farbenfroher, doch der Untergrund blieb etwas steif und Unterhaltungen zur Hälfte Konversation, die Masken wurden nicht abgenommen. Mir fiel ein Gedicht eines Dichterfreundes, Helmut Ruge †, ein:

Ein Geldschein singt (Text: Helmut Ruge †)

Man nennt uns Knete und Penunze,
Als wärn wir einfach Hinz und Kunze.
Kohle, Asche, Diridari,
Als ob alles Larifari.

Der Mensch glaubt immer noch,
Dass er uns in die Tasche steckt.
Wir haben diesen Glauben gern geweckt.
So können wir in Ruhe schalten,
uns den Mensch als Kapitalanleger halten.
Wir nutzen ihn als Transporteur,
Als Kontensurfer und Chauffeur.
Wir lenken jeden seiner Schritte.
Wir sind die Macht. Wir sind die Mitte.
Und wenn die Welt zusammenfällt,
was bleibt? Das ist ein Haufen Geld.

Es ist die Angst vor Veränderung im Leben, die oft zu anhaltendem seelischen und auch körperlichen Leid führt. Manchmal hilft das Schicksal und ein scheinbarer Verlust bringt uns zum Nachdenken. Chaos als Chance.

Der innere Verweigerer und sein materiell orientiertes Umfeld, die Herrn K. behinderten, wirkliche Bedürfnisse zu erfassen und zu leben, waren für ihn noch zu dominant. Es gab viele Wege, wirklich sinnvoll zu leben, aber dafür bestand vorerst noch eine Blindheit. Die Therapie wurde aufgegeben, als der Krake sich gelöst hatte und die Panik nachließ. Es lockten die scheinbaren Chancen der Oberflächenwelt, das eventuelle Wiedererlangen eines sehr gut bezahlten Führungsjobs mit dem damit zusammenhängenden Prestige. Es geht bei ihm um die Jagd nach der rettenden Situation. So verliert er Seele, Anteile der Seele.

Das Kind Angst allerdings wird jähzornig werden, denn es wurde nicht ausreichend beachtet.

Die Psychiater, natürlich besonders anerkannte Psychiater, würden ihm Stabilität bescheinigen und meinen damit eine gut gespielte Rolle.

Doch die Angst will tiefes Verständnis.

Das Kind Angst beginnt vor Wut zu toben.

Der Wunsch, die Überzeugung von einem unnötigen Maß an Erfolg und Geld ist so groß und der Satz des Lehrers so tief verankert, dass nun das Leben an sich weiterhin in Gefahr ist.

Die Angst geht nie ungehört, nie unverstanden, sie ist ein zuverlässiger Bote, sie kommt zurück, wenn nicht erfasst wurde, was sie als Information brachte.

Die *Jhankris* kennen, genau wie wir, viele Ursachen von Angst.

Eine Ursache ist die Gier oder auch die Schwäche von Seelenanteilen.

Es war für mich hilfreich, trotz guter Studienabschlüsse eine Weile in meinem Leben einfachen Arbeiten nachzugehen. Taxi fahren, Sprechstundenhilfe sein, als Verkaufshilfskraft arbeiten und vieles mehr. Im Kontakt zu unterschiedlichen Menschen in unterschiedlichen Berufen wird klar, dass der Wert eines Menschen sich nicht an seiner Tätigkeit messen lässt. Es ist die Auswahl eines tieferen Lebenssinns, denn ansonsten sind wir die Diener der Penunze. Es ist möglich, im Leben nicht zu leben, es nie zu erfahren.

Aber was waren und sind meine Ängste? Angst ist etwas, das mein Leben oft beeinträchtigte und es auch noch hin und wieder tut.

Wenn ich mich erinnere, so war ich ein Kind, dass sich so ziemlich alles traute, was es an Mutproben gab. Doch mit dem Heranwachsen kamen Ängste auf. Im weitesten Sinne hingen sie mit der Angst vor dem Tod zusammen. Angst vor Gewalt, auch die Angst vor dem Reisen, Flugangst, dann seit der Schwangerschaft eine Höhenangst. Angst vor Krankheiten, Angst durch schlechte Erfahrungen, Panik und Agoraphobie, ausgelöst durch eine lebensbedrohliche Krankheit und ein zeitweiliges Alleinegelassen-Werden in der Partnerschaft während dieser sehr schweren Krankheit. Es waren teilweise schlimme Ängste, die ich kennengelernt hatte. Es war die Hölle. Und ich musste mich mit ihnen auseinandersetzen. Es half mir nicht, Probleme oberflächlich zu lösen. Ich musste mich besser kennenlernen und mein Leben bewusst anders gestalten. Es ging um das Erfassen tiefer Bedürfnisse, nicht eingeredeter Scheinbedürfnisse.

Der Weg, mit seinen Ängsten Frieden zu schließen, führt über das Sich-selbst-Kennenlernen und darüber einen Tropfen Gutes in die Waagschale des Lebens tropfen zu lassen. „*Om namaha shivaya*" sagte der *Jhankri* Mohan Rai. „Ich habe viel bekommen, ich habe viel gegeben und ich gehe mit leeren Händen". *Nicht nur die Erkenntnis seiner Selbst und des Lebens, sondern insbesondere auch das warmherzige Geben, kann zu einem erfüllten Leben führen.*

Ich fragte Mohan Rai in Nepal, ob er als erfahrener *Jhankri* mir etwas über die Angst sagen könnte, was für eine Therapie wichtig wäre. Er erklärte mir einige Ursachen der Angst aus seiner schamanischen Sicht: „Die Energie der Chakren ist nicht gut, Krankheiten können der Grund sein, komplizierte Beziehungen, ein Teil der Seele ist weg, ein Unfall, Naturgeister, ein Versprechen nicht zu halten, ungünstige Planetenkonstellationen." Dann nahm er ein Telefongespräch an, endete nach diesem Gespräch nachdenklich und sagte: „Delia ich kenne auch Angst, aber ich bringe mich in Balance."

„*Om namaha shivaya*" – „Ich habe viel bekommen, ich habe viel gegeben und gehe mit leeren Händen."

Balance mit allem, was in uns ist und uns umgibt.

Jeder Mensch lebt in Bezugssystemen und es gelten Regeln. Anarchie ist mir in wirklich reiner Form auf meinem Weg noch nie begegnet, Herrschaftslosigkeit in dem Sinne von gern gesehener freier Entfaltung. Es gab immer eine Art Wertesystem und die Beurteilung von Gedanken und Handlungen, Formen der Unterdrückung. Werte, Beurteilungen übernahm ich auch oft für mich, als wären sie von mir. Anpassung. In Systemen werden auch anzustrebende Bedürfnisse vorgegeben. Der Mensch fühlt sich in das Bezugssystem hineingezogen, das die meisten Überschneidungen mit seinen Vorstellungen aufweist, oder er wird im schlechtesten Falle von anderen in seinem Wollen vollständig manipuliert. Das geschieht oft, ohne dass der Mensch sich dessen bewusst ist. Seine geistige Familie zu finden, bedeutet für mich mitunter, Menschen kennenzulernen, die wichtige ethische Werte und menschliche Grundbedürfnisse teilen und weitgehend Besonderheiten der Persönlichkeit akzeptieren und diese als Bereicherung verstehen. Mehr zu erhoffen wäre illusorisch.

Es war da auch immer die Angst, nicht geliebt zu werden. Die Ursache dieses Problems waren mitunter komplizierte Beziehungen. Es wäre eine unnütze und schuldzuweisende Suche nach den tatsächlichen Wurzeln, sozusagen mikroskopisch genau. Wichtiger und maßgeblich war etwas anderes. Mein Selbstbild war sehr schwankend. Ich versuchte mich im Alltäglichen wie alle anzupassen. Das Ausprobieren, wohin ich gehörte und wo ich mit Anerkennung und Liebe rechnen konnte, begann in meinem Geburts- und Heimatort, in der kleinen Hafenstadt Wismar. Die Natur in dieser Umgebung war grandios, die Familie und Freunde liebevoll, die Lebensentwürfe aber waren hier zumeist genormt und sehr einfach. Das reichte mir nicht. Ich liebte die Musik, Literatur, ich schrieb Geschichten und Songtexte und die Kleinstadt und das begrenzte Denken unterforderte mich. Ich wollte für mehr als die Familie da sein und ich wollte mich nicht langweilen. Es zog mich in ein weiteres Feld, die Großstadt.

Ich lebte mein Leben eine lange Zeit vor allem auf der Flucht vor der Vernünftigkeit, vor Disziplin, Prüderie und Ordnungswahn, sozusagen Leben als Protest. Ich wollte mit diesen altmodischen Ladys, der Disziplin und ihren Schwestern, wenn man sie symbolisieren könnte, nichts zu tun haben. Sie hatten mich gequält und belästigt. Ich suchte interessante und tolerante Menschen, mutige alternative Lebensentwürfe. Ich suchte meinen Weg. Ich war auf der Flucht vor dem genormten Kleinstadtleben, aber ohne zu erkennen, was die Seele wirklich brauchte, ohne besonderes Mitgefühl mit mir.

Ich lebte einfach eine neue Rolle in einem durchaus anstrengenden Spiel. Ich wurde Musikmanagerin in der Rock- und Punkwelt und nahm die hier geltenden Spielregeln an. Es gab nicht viele Frauen, die in diesem Bereich mitmischen durften und konnten. Ich liebte das Musikerleben, denn es war sozusagen affektvoll. Ich mag Affekte. Ich spüre zu gerne das Leben. Die oft schrägen Klänge der Musik, das Singen, die langen, intensiven Partys am Prenzlauer Berg oder auf Tour, politische Aktionen, die nächtelangen Gespräche. Es brachte mir Inspiration für Lieder und Texte und für erweiterte Möglichkeiten des Seins. Ich organisierte viele Konzerte und Festivals. Doch neben dem kulturellen und gesellschaftlichen Engagement, das alle im Miteinander verband, fehlte oft einfache menschliche Wärme und Geborgenheit. Vieles war Schauspiel. Doch diese Gemeinschaft von Künstlern wurde mein Zuhause. Das eigene künstlerische Schaffen tat mir sehr gut. Ich durfte und konnte mich ausdrücken. Ich durfte mich ausprobieren. Ich sang meine Songs in verschiedenen Bands. Ich nahm an Lesungen teil und fuhr als Künstlerin und Managerin durch unser kleines Land, die DDR. Das Umfeld war so einerseits Kraftgeber, weil ich mich mit meiner Rolle identifizieren konnte und Erfolg hatte, anerkannt wurde. Auf der anderen Seite war das Umfeld auch ein Kraftträuber, denn der Umgang miteinander war oft rüde. Eine Rolle anzunehmen ist keine wirkliche Identität. Zerstörung und Erneuerung lagen dicht beieinander.

Doch so lehrreich und neu alles auch war, mir fehlte noch viel an Selbsterkenntnis.

Ein Aspekt, durch den sich dieses Sich-selbst-nicht-Kennen zeigte, waren eben schwierige Liebesbeziehungen. Das waren die Auswirkungen des schlechten Selbstwertes, des schwachen Selbstbildes, der Rolle, in die ich durch wankende Muster geraten war.

Das Loslassen ist ein Prozess.

Das Loslassen einer Rolle, hin zu sich selbst.

Das Loslassen von Wünschen, die sich nicht erfüllen.

Das Loslassen von Verlustängsten.

Ich fürchte mich heute auch immer noch etwas vor der Einsamkeit im Leben, vor dem Nicht-erfasst-Werden, doch ich weiß, es ist sinnlos um Liebe und um Anerkennung zu kämpfen, sich dafür zu sehr anzupassen. Sich selbst anzunehmen, alle Anteile der Persönlichkeit zu integrieren, führt schrittweise aus der Einsamkeit. *Mitgefühl mit sich selbst zu haben, ist wichtig.*

Mit diesem Annehmen verliert sich die zu große Angst davor ,alleine zu sein.

Es ist ein heilsamer Prozess, seine Ich-Anteile in Balance zu bringen, Klarheit zu spüren, Selbstverständnis. Dafür gibt es Methoden. Mitgefühl mit sich selbst heißt auch, sich in einem Felsen stehend endlich einmal zu strecken, so dass der Panzer abfällt und der Körper und der Geist elastisch sein können. Und dann erst kann ich mich bewegen.

Ich darf mir mit Freude erlauben, mich zu verändern.

Ich begann, mich im Felsen zu strecken.

Eine Besonderheit im Prozess des Sich-Kennenlernens und des Leben-Lernens sozusagen, stellt, wie schon beschrieben, die Familie dar, aus der man biologisch und auch seelisch abstammt, und die damit verbundene Kultur.

Ich kam aus Mecklenburg.

Die Abstammung erscheint wie eine Art ungerechtes Würfelspiel. Nicht jeder hat Glück. Familie kann auch eine Hölle sein, in der Gewalt und Dummheit regieren. Zu große Armut kann es unmöglich machen, sich gesund zu entwickeln. Ebenso kann es sein, dass die Eltern das Wesen ihres Kindes nicht erfassen, sondern es schlichtweg so erziehen wollen, dass es in ihren Rahmen der Definition von Glück passt. In welche Umgebung man hineingeboren wird, entscheidet, wie jeder weiß, die Entwicklung des Menschen sehr maßgeblich mit.

Ich hatte eine Fünf gewürfelt, eine hohe Zahl, gute Ressourcen, wie die Psychologen sagen. Ich wuchs behütet und umsorgt auf und konnte gedeihen. Ich wuchs über die Wünsche hinaus, die meine Eltern für mich hatten.

Von dieser sicheren Basis aus ging ich auf die Suche nach der geistigen Familie, nach Menschen, die meine erweiterten Lebensinteressen teilen.

Um Familie und Verwandtschaft allgemein, um meine

Ahnen, machte ich mir kaum Gedanken, sie waren einfach da. Es war ein sicherer Hafen.

Erst viele Jahre später, in meinem Beruf als Psychologin, stieß ich wieder verstärkt auf dieses Thema, auf dieses sehr wichtige Thema. Dieses geschah vor allem auch durch die schamanischen Einflüsse, durch den Unterricht bei Mohan Rai in Nepal. Er berichtete uns über die Kraft der sogenannten *Kuladeva*, die Kraft der Ahnengeister. Mohan Rai lehrte uns, dass es wichtig ist, sich mit der Familie und den Ahnen zu befassen, so zum Beispiel in Trance mit ihnen Kontakt aufzunehmen, eine positive Verbindung aufzubauen. Wir lernten das *Kuladeva*-Mantra. Wir waren, wie bereits beschrieben, sieben sozusagen internationale Schüler dort in Nepal. Wir verbanden uns in den Trommelnächten, den Trance Sessions, mit den *Jhankris* mit unserer *Kuladeva*. Alle hatten das Gefühl, als würde sich der Raum jeweils mit Menschen füllen, Bilder entstanden, und es ist erstaunlich, wie viel Energie, welche Nähe zu dem Erscheinenden tatsächlich manchmal spürbar war. Die *Kuladeva* meint die Ahnen über sieben Generationen, väterlicher- und mütterlicherseits, dazu die „*Jhankris*“. Gemeint sind auch alle Götter und Geister, die uns umgeben, und noch mehr.

Kuladeva – Ahnengeister: „Führt mich, leitet mich, zeigt mir den richtigen Weg, schützt mich und korrigiert mich.“ Verbindet man sich mit der *Kuladeva* und bittet für sich in diesem Sinne, um dann nachfolgend anderen Gutes geben zu können, so passieren nach und nach Veränderungen. Es wird korrigiert, es gibt uns Tiefe. Das Befassen mit der *Kuladeva* hat mich verändert, es schärft die Wahrnehmung für die Lebenskraft und ihre Zusammenhänge. Erlebt man diese Dinge nicht konkret, hört es sich albern und naiv an. Die Naturvölker wussten genau um diese Kräfte.

Es gibt Methoden, um in derartige Bilder eintauchen zu können und sie zu verstehen.

Ich führe so, als nur ein Beispiel, den einen oder anderen Patienten in der Hypnotherapie in den „Wald der Ahnen“, um dort wichtige Inspirationen zu bekommen.

Es hilft, Ängste zu verstehen und zu verringern.

Schamanisches Wissen ist Erfahrungswissen.

Einige Jahre arbeitete ich als Neuropsychologin in einer Klinik mit Schlaganfallpatienten. Es handelte sich zumeist um schon etwas ältere Menschen, die über 50 bis 90 Jahre waren. Oft waren sie Wochen vorher noch aktiv und voller Energie. Nun lagen sie mit Halbseitenlähmungen und neuropsychologischen Defiziten hilflos und traurig in ihren Krankenhausbetten. Das Leben hatte sich im wahren Sinne des Wortes schlagartig verändert. Es ist ein Zeitpunkt, an dem viele Betroffene noch einmal über die Ereignisse in ihrem Leben nachdenken. So führte ich viele Gespräche und lernte viele unterschiedliche Lebenswege der Patienten kennen. Eine sehr große Rolle in den Erzählungen nahm dabei ihr Verhältnis zu ihren Eltern und Großeltern ein, auch wenn diese schon lange nicht mehr lebten. Es beschäftigte die Menschen sehr. Ungeklärte, nicht verarbeitete Verhältnisse wogen schwer, machten die Menschen anhaltend traurig, ängstlich und beschwert.

Ein Satz des Vaters oder der Mutter konnte über das ganze Leben hinweg viel Gewicht haben und den Lebensweg mitbestimmen.

Nun könnten die Menschen, welche eine sehr schreckliche Kindheit erlebt haben, mit Recht davor zurückschrecken, sich mit diesen Themen zu befassen. Das ist zunächst einmal verständlich. Letztendlich gibt es deshalb die *dissoziativen Amnesien*, die zunächst einmal dem Schutz dienen und zu schwerwiegende Erlebnisse vom Bewusstsein abspalten. Auch Spaltungen in multiple Persönlichkeiten kommen vor. Aber mit der Zeit tauchen die Themen in der Regel aus dem Unbewussten auf, schieben sich ins Bild. Ungelöste Konflikte vergehen nicht, sie verschwinden nicht, sie führen zu Angst. Ein Trauma kann zumeist nur durch tiefere Erkenntnis abgemildert oder genommen werden. Versteht man nicht, was passierte und vor allem aus welchem Grund, so nützen auch bekannte Traumatherapiemethoden, wie die EMDR[b] nur wenig und sind oft nicht ausreichend. Uns hilft letztendlich nur das Erkennen, dass wir über Generationen säen und ernten. Was gepflanzt wurde, wird geerntet. Generationen verbinden Reihen des Glücks, der Liebe und/oder auch des Leides. Durch Hinwendung, Erkennen, Verstehen und Verzeihen können wir ungünstige Verläufe unterbrechen. Das verlangt wiederum tiefes Mitgefühl mit sich selbst und für andere. Wir können verändern und verstehen.

Um zu vergeben, benötigt man ein großes Herz und ein Wissen um die Veränderbarkeit und um Rituale, die uns eine Hinwendung ermöglichen.

Die psychotherapeutische Arbeit kennt, wie schon erwähnt, ebenfalls geeignete Methoden und Rituale, um familiäre Konflikte zu bearbeiten, im weiteren Sinne mit den Ahnengeistern in Kontakt zu treten. Auch können

„kleinere Konflikte", frühere Erfahrungen zum Beispiel, in einer Zeitregression[c] positiv aufgelöst werden. Psychische Phantomschmerzen verschwinden. Die Hypnotherapie ist dafür eine sehr wirkungsvolle Möglichkeit.

Sicher gibt es auch rationale Methoden der Reflexion, doch sollten diese mit der unbewussten Verarbeitung kombiniert werden. Das bewirkt wirkliche Entwicklung der Persönlichkeit.

Ein Erlebnis in *Kathmandu* werde ich nie vergessen: Wir waren eigentlich zwei eingeladene Studenten, wie uns Mohan Rai nannte, die *Shamanistic Studies* betreiben wollten. Doch es gesellten sich spontan andere Reisende dazu, die angefragt hatten, ob sie im Institut lernen könnten. Es waren junge Leute, die sich für ethnologische und spirituelle Themen interessierten. So kamen auch mehrere Personen aus Frankreich. Mohan Rai war in der Lage, durch sein jahrzehntlang erworbenes schamanisches Wissen oftmals nur mit einen genauen Blick auf eine Person zu erkennen, welche Leiden jemand hatte. Weiterhin wusste er zu sagen, wie es unseren Eltern ging, mit welchen Krankheiten sie es eventuell zu tun hatten. Jedes Mal waren wir verblüfft, dass die Aussagen auch zeitlich genau stimmten. Er schaute an einem Tag, als wir bestimmte Heilrituale und Mantras von ihm erlernten, eine junge französische Frau an und sagte, dass sie zwar das schamanische Wissen auch teilen könne, doch leider nicht anwenden. Sie schaute ihn erschrocken an und wollte natürlich erfahren, weshalb er das so direkt und bestimmt äußerte. Mohan Rai sagte: „Weil in deiner Familie ein Mörder ist." Alle guckten ungläubig. Die junge Frau wurde sehr blass und schwieg lange Zeit tief betroffen. Eine Weile später bestätigte sie mit schwacher Stimme, dass es stimmte. Ihr Onkel hätte in diesem Jahr ihre Tante ermordet. Sie fragte Mohan Rai immer noch etwas fassungslos, woher er das wissen konnte. Er wurde weicher in seinem Reden und bemerkte, dass er wüsste, dass sie ein guter Mensch sei, aber wenn er in ihr Gesicht schaue, so sähe er Blut. Auch die anderen Schamanen konnten das auf diese Art und Weise sehen. Das war ein Erlebnis, dass mir wieder einmal zeigte, dass unsere Wahrnehmungen sehr beschnitten sind.

Kuladeva – sich mit seinen Ängsten zu befassen, heißt auch, sich mit seiner Kuladeva zu befassen, seinen Wurzeln.

Ich nehme meine Trommel aus der runden, hellgrün genähten Stofftasche.

Vorher lasse ich meine Gedanken aus dem Fenster fliegen.

Frische, feuchte Luft strömt ein.

Ich hole eine Räucherschale, ein Stück Kohle und Sal-Harz und stelle alles auf ein versilbertes Tablett. Ich lege mir Decken in den Raum und setze mich hin. Ich lege die *Denguru* und den *Gaja* neben mich und schließe die Fenster. Der Kater hat Sehnsucht, in die Nacht zu entfliehen. Ich darf ihn in der Dunkelheit nicht gehen lassen, denn er könnte sich verirren. Er kennt sich als Stadtkater nicht aus in der Natur. Er trollt sich Richtung Schlafraum.

Die Kohle in der Räucherschale glüht und ich lege Sal-Harz aus Nepal auf. Ich stecke noch zwei Räucherstäbchen mit in den Sand der Schale und gebe so dem Raum

Geist. Was ich hier hingestellt habe, hat nicht die Bedeutung eines Schamanenaltars, denn ich verfüge nicht über deren Wissen. Mir hilft der Rauch, in eine Entspannung zu kommen und in eine unbewusste Welt der Bilder und der feineren Geräusche, der Gerüche und der Körperempfindungen einzutauchen. Es ist auch ein Gruß an die nicht einfach sichtbare Welt der Energien, Wesen, Götter, Dämonen und was da sonst noch vermutet werden könnte. Doch möchte ich nur kurz reisen, in Assoziationen, den Hauch der Energien spüren, und das nicht ohne Herzklopfen. Ich suche nach Erfahrungen.

Ich spreche ein Schutzmantra, erwecke die Trommel und beginne sie mit geschlossenen Augen zu schlagen. Zuerst füllt sich jeder Zentimeter des Hauses mit Klang, dann, allmählich, fließen die Trommelschläge automatisch. Ich nutze ein Mantra, das ich für *Kali* singe. Sie ist die im Hinduismus bekannte Göttin des Todes und der Zerstörung, aber auch der Erneuerung. Sie wird auch als eine Beschützerin der Menschen empfunden. Sie symbolisiert weibliche, kraftvolle Energie. Nach dem wiederholten Mantra fliegen sozusagen die Zimmerwände weg oder sie lösen sich auf. Die Weite tut gut. Ich bin Bestandteil der Natur. Grenzen auflösen tut gut. Es erleichtert die Atmung. Ich schlage gleichmäßig die Trommel, die Rhythmen variieren leicht von Zeit zu Zeit, ohne dass ich darüber nachdenke. Ich singe weiter das Mantra für *Kali*, die zornige *Parvati*, die gleichzeitig zerstören und erneuern kann. Sie erscheint zaghaft, aber langsam deutlicher und größer werdend aus dem Hintergrund, wird präsent und tanzt mit ihren vielen Armen und Messern kreisend dank der ihr gegebenen Kraft. Ihr Tanz ist kraftvoll, aggressiv und zugleich geschmeidig. Ich habe das Gefühl, nicht alleine zu trommeln, ich höre den Sound mehrerer Trommeln, so als würden sich nach und nach Kräfte über unterschiedliche Entfernungen mit den Klängen meiner *Denguru* verbinden. Alles erscheint wie im Nebel, in steppenartiger Landschaft. Das Gefühl von Weite nimmt zu. Ich kenne diese Effekte schon.

Der Raum um mich herum ist angefüllt mit der Gegenwärtigkeit unbekannter Energien, die ich lediglich deutlich spüren kann. *Kalis* jetzt ersichtlicher Zorn und der immer wildere Tanz ängstigen mich nicht. Ich verfolge die Bewegungen und betrachte alles. Die steppenartige, neblige Landschaft bleibt. *Kali* ist in der Landschaft verschwunden. Nach längerer Zeit kommt sie kraftvoll und direkt auf mich zu und bringt mir in ihren Armen die Liebe als Geschenk, legt mir den Freund sozusagen zu Füßen, den sie als mächtige Kämpferin für mich entführte. Doch ich möchte ihn eben nicht als Gewinn einer Kriegerin. *Kali* scheint in ihrem sichtbaren Zorn zu lächeln und lässt die Bilder vergehen, so wie alles Wechsel ist. Wieder die Landschaft, wieder ihr Verblassen. Es vergeht Zeit. *Kali* taucht noch einmal auf. Sie bringt mir in ihren Händen nun einen mit ihrer Sichel abgeschnittenen Teil Haare des Geliebten. Ich bin erschüttert, doch lässt sie davon nicht ab. Es ist das Symbol für die Wegnahme von Lügen. Sie geht damit in vier Richtungen und die Winde tragen die Haare fort. Es erscheinen sehr dunkle Bilder vom Vergehen, was mir unangenehm ist. Es ist ein unangenehmes Gefühl, in die dunklen Bilder hineingezogen zu werden, tief hineingezogen zu werden. Es wird unangenehm schwül. Es ist so erdrückend, dass ich versuche, aus der Trance höher zu kommen und bewusst das Bild auszublenden, um dann neu wieder in hellere Visionen eintauchen zu können. Doch die Vergänglichkeit nimmt sich ihre Zeit. Sie hält mich fest. Ich muss alles betrachten. Eine verwirrende Abfolge von Schatten, Gesichtern, Szenen, die mit Vernichtung zu tun haben, Gemetzel und endlose Dunkelheit, Schlachtfelder, Ödnis. Nach und nach verlieren die Eindrücke ihre Kraft und ich fühle mich erlöst. Dann tanzt die erneuerte *Kali* im goldenen Gewand. Alles wirkt schwer, prunkvoll und zu unwirklich, statisch. *Kali* erscheint gefühllos. Es betrübt mich. Erst nach und nach zeigt sie sich immer belebter, erhält ihre Geschmeidigkeit zurück und reicht mir lächelnd ein Getränk. *Amrita.* Es erfüllt mich mit Kraft. Der eigentliche Raum, in dem ich sitze, wird wieder spürbarer. Ich schwimme auf dem Rhythmus meiner Trommel. Ich genieße diese Klangwelt und die Unergründlichkeit. Ich lasse mich treiben. Ich lasse mich lange Zeit treiben und bin in einer heilsamen Trance. Dann klingen die Töne wie von selbst aus.

Ich stelle die *Denguru* mit der Spitze des *Phurba*-Griffes auf die Erde, um alle negative Energie abfließen zu lassen, und lasse alles nachwirken.

Die Erweiterung des Raumes ist immer gekoppelt an eine Erleichterung, körperlich spürbar.

Die Geräusche im Raum, das Knistern des Ofens nehme ich danach noch viel intensiver wahr.

Alles vibriert leicht im Körper.

Ich umhülle die Trommel, lege sie an einen sicheren Ort und lege mehr Feuerholz in den Ofen. Es ist etwas kühl geworden, aber die Räucherung hängt noch leicht vernebelnd in der Luft. Der Kater hat sich nicht versteckt.

Eigentlich liebt er laute Klänge nicht. Doch das Trommeln hat ihn nur neugierig gemacht.

Er geht nun wortlos durch die Küche und hopst auf den Tisch, um an allen Dingen zu riechen. Ich streichele ihn sanft, er gurrt und springt beruhigt auf den Fußboden. Ich ziehe die Lasche einer Büchse Bier auf und trinke ein Glas. Heute werde ich nicht draußen rauchen. Solche Rituale alleine durchzuführen, bringt Zauber, den ich nun aushalten muss. Bilder wirken nach. Ich rauche heute am Ofen, lasse aber durch ein Küchenfenster, das ich nur wenig öffne, den Rauch abziehen. Es erfolgt so ein Austausch der Frischluft mit dem Rauch. Sie lässt meinen Kopf wieder klarer werden. Es tut gut. Ich trinke das Bier aus und öffne ein zweites. Das erste wirkt entspannend. Die gute Kraft des Alkohols. Ich drücke einen polnischen Sender in das kleine alte Kofferradio. Mit einem metallischen Klang berichtet der Radiosprecher über von mir nicht übersetzbare Dinge und es kommen Melodien der Siebzigerjahre. Ich denke das, was viele Polen denken, wenn etwas in Ordnung ist: „Super“. Und um meinen Geist neu auszurichten, perseveriere ich auf dem Wort „Super“ gedanklich etwas umher. Wir hatten in einem deutschen Krankenhaus eine polnische Hirninfarktpatientin, die langsam wieder auf die Beine kam. Als es ihr das erste Mal wieder gut ging, sagte sie wieder die Worte: „Super“ und „100 Prozent Nein.“ Mit typisch polnischer Betonung.

Rationale Bilder können sehr erfrischend sein.

Meine nehmen mit dem dritten Bier wieder ab. Heute schlafe ich im eigentlichen Schlafraum auf dem großen Bett und nicht im Trommelraum. Ich will nun einfach an nichts denken, aber meine Flucht- und Angstphantasien beginnen ihr Werk in nächtlicher Stille. Eine große innerliche Aufregung überkommt mich quälend. Ich drehe mich auf dem Bett hin und her und lauschte jedem Geräusch. Ich stelle mir vor, was ich täte, wenn es an der Scheibe oder an der Tür klopfte oder jemand versuchen würde, einzubrechen. Ich bereue es sehr, hier alleine zu liegen und fühle mich so einsam. Ich bete und bitte alle guten Geister um Hilfe. Dann denke ich an die Wildpferde, die draußen auf dem Hügel schlafen oder entlanglaufen. Ich denke an ihre kraftvolle, ruhige Art, an ihre Wärme und ihren Geruch. Diese Bilder tun mir gut. Die erste Helligkeit wird durch die Gardinen sichtbar. Jetzt lasse ich mich erleichtert los und fliege in das Land der Träume.

Ich liebe die Helligkeit.

DAS DRITTE HAUS – NATUR

Um zehn Uhr stehe ich auf und lege als erstes kleine Holzscheite, die mir Marian gespalten hat, in den Ofen, sodass sie schnell anbrennen. Ich bin in ein Paar Badelatschen geschlüpft und wickele ein Badehandtuch um den nackten Körper, schließe die Tür und gehe hinaus. Alles ist friedlich und ruhig. Die Pferde stehen in der Nähe auf einer Anhöhe und gucken herüber, sie schnaufen kurz und ihr warmer Atem kondensiert zu kleinen Nebelwölkchen. Es ist ein klarer kalter Wintertag. Die Sonne scheint auf die Wiesen, was das Herz erwärmt, und ich bin glücklich über diesen wundervollen Morgen. Ich gehe die paar Schritte bis zum Fluss, schaue mich kurz um, ob auch keine Menschen in Sicht sind, die eventuell leise durch die Gegend streifen, lege dann das Handtuch auf einen großen mit Moos bewachsenen Stein und steige in das eiskalte Wasser. Ich genieße die Morgenwäsche. Die Erfrischung tut wie immer gut und ich klettere auf den Weg zurück und hülle mich in das Handtuch. Der Körper heizt von innen nach. Ich bin vollkommen wach und ziehe mich im Haus warm an. Dann stelle ich mich auf die Wiese, schaue zur Sonne und vollführe ein paar Qui-Gong- und Tai-Chi-Übungen. So wird der Körper geschmeidig und ich fühle mich wohl. Ich streichele die Pferde und gebe ihnen Äpfel. Sie zotteln zufrieden bergaufwärts. Die Ziegen sind auch in der Nähe. Magdalena, die Mutterziege, geht angepflockt im Kreis, so bleiben ihre Kinder bei ihr. Da kein Schnee liegt, macht es Sinn, dass sie zeitweise noch draußen sind. Würde Marian sie frei laufen lassen, würden sie auf Wanderschaft gehen und sich stets die besten Plätze suchen. Dann müsste er sie suchen. Wenn sie davon liefen, würde er *Zigan*, seinen schwarzen Hund, schicken, damit er sie zurückbrächte, was dieser gerne tut, da er dann der Chef ist und die Ziegen tun müssen, was sein Gebell und Gerenne verheißt. Der Hund mag die Ziegen nicht, er ist eifersüchtig. Fast hätte er eine Ziege getötet. Sie bekommen jetzt ein paar trockene Brotstücke und sind eifrig dabei, möglichst viel davon zu erwischen. Ziegen sind keine Tiere, sondern Charaktere, sagen die polnischen Bauern. Marian hatte die Ziegen für eine halbe Flasche Wodka gekauft. Scherzhaft schlug er mir vor, vietnamesische Hängebauchschweine zu kaufen. Diese würden ein Haus besser bewachen als ein Hund und sich in den Büschen und auf den Wiesen ihre Nahrung alleine suchen. Ich stellte mir eine ganze Rotte Hängebauchschweine vor, die den Hügel verteidigen würden, wenn Fremde kämen. Unsere asiatischen Partisanen. „Wir zusätzlich mit Kalaschnikow als alte Leute auf einem Wachturm und dann immer fragen“, sagt Marian. „He, wer da? Hier nix langgehen, hier privat. Und dann schießen oder mit dem Krückstock drohen.“

Das Haus wird heute von der Sonne beschienen. Wieder ein neues Bild vom Haus, das sich scheinbar wohlig ausdehnt, das freundlich wie im Märchen aussieht, so im Sonnenlicht. Ich hüpfe durch die kalten, noch starren Wiesen und genieße die Luft.

Heute will ich schreiben und etwas Musik hören. Doch vorher möchte ich noch in den oberen Wald gehen, um mich etwas zu bewegen. Ich ziehe mir gefütterte Gummistiefel an, einen Fellmantel, Mütze und Handschuhe, stecke ein kleines Messer ein und gehe den Weg am Haus weiter Richtung Berg. Der Weg ist ein reiner Wanderweg. Rinnsale halten ihn feucht, und so ist das feste Schuhwerk gut. Schiefersteine und Quarzsteine ziehen den Blick an, sie blinken in der Sonne, und die Quarzsteine veredeln den Weg mit einer fast unnatürlichen Schönheit. Der Feldweg führt an einer Ruine und zwei alten knarzigen Kastanienbäumen vorbei, die irgendwie immer im Schatten zu stehen scheinen, als wäre hier ein dunkles, feuchtes Reich. Es ist ein unangenehmer Ort. Hier hat damals ebenfalls ein Wohnhaus gestanden. Vielleicht war dieser Teil des Geländes einmal freundlicher, sonniger. Energie verändert sich und viele Dinge nehmen Einfluss. Die Kastanienbäume schmeißen viele Äste und Knüppel ab, als würden sie nach jemanden werfen, als wären es zornige Wesen.

Wie viele Energien überlagern sich erst in einer Stadt. Ich denke an den Prenzlauer Berg in Berlin. Immer mehr wohlhabende Menschen ziehen hierher in die fein geputzten Häuser. Die Vermieter scheren sich nicht darum, dass Menschen hier vertrieben werden, die nicht das Geld haben, die wachsenden Mietwucherpreise zu bezahlen. Die glücklichen neuen Leute ziehen ein, stolz darauf, eine Wohnung in zentraler Lage ergattert zu haben. Nur wenige Menschen denken wohl darüber nach, was vor ihnen war, wer die Zimmer bewohnte, ob sie glücklich bewohnt wurden oder ob sich Tragödien ereigneten, ob ein Mensch vor ihnen bemerkenswerte Sachen vollbracht hatte. Sie denken nicht darüber nach, dass hier Menschen vertrieben werden, und wenn, dann reagieren sie nicht darauf. Sie zahlen jeden Preis. Alte Geschichten spielen in der schnellen Zeit keine Rolle. Doch es gibt Häuser, die düster stimmen und Krankheit bringen, es gibt Häuser und Zimmer, die licht sind und beschwingen, und es gibt verrückte Zimmer, in denen es nicht mit rechten Dingen zugeht, wo Ereignisse daran erinnern, dass es Vergangenheit gibt und Menschlichkeit im umfassenden Sinne.

Ich betrachte noch eine Weile die Kastanien und nehme mir vor, nachzuforschen, wie die Bewohner einst lebten. Mein Wissen darüber ist sehr oberflächlich, denn es ist schwer, jemanden zu finden, der die Geschichten noch kennt. Marian weiß nur Bruchstücken zu erzählen, gibt mir aber einen Hinweis, von wem ich mehr erfahren könnte. Ich löse mich vom Blick auf die schattigen Bäume und von der melancholischen Stimmung und wandere noch ein Stück höher. Hier breitet sich eine üppige, sonnenbeschienene Waldwiese aus.

Es ist hier ausgesprochen freundlich und windstill, eine beschauliche Lichtung. Unterschiedliche Grassorten und Kräuter wachsen hier. Brombeergesträuch säumen die Wiese auf der rechten Seite, wo es hügelaufwärts in ein Waldstück geht. Eine riesige Linde steht auf dieser Wiese. Ich begrüße sie und lehne mich kurz an ihren Stamm. Sie ist majestätisch. Nach links oben führt ein schmaler Pfad, den die Tiere über den Fluss benutzen. Da sich hier der Bewuchs andauernd verändert, ist der Pfad nicht immer an der gleichen Stelle. Ich muss ihn suchen.

Über eine selbst im Winter saftige Wiese gehe ich den Berg hinauf. Unter den jungen Fichten, die dort verteilt stehen, ist das Gras niedergedrückt. Hier haben die Rehe vielleicht ihre Nacht zugebracht. Es ist nur ein Bergaufmarsch von hundert Metern, aber ich muss stoppen und bin etwas außer Atem. Ich schaue mich um und genieße den klaren Blick auf die Siedlungen im Tal. Schicksale spielen aus der Entfernung nur eine geringe Rolle, alles verschmilzt zu einem Gesamteindruck. Ich genieße eine Weile den Blick.

Vor mir steht der alte Wald, zu dem ich will. Sobald ich ihn mit einem bewussten Schritt betrete, komme ich in ein anderes Reich, eine Schwelle wird überschritten. Es ist ein sehr alter Wald, der atmet, der noch einen gesunden Stoffwechsel hat, der unendliches Leben birgt. Der weiche Waldboden, auf dem Tannenzapfen umherliegen, schluckt jedes Geräusch von Menschenschritten. Er ist uneben, denn über die Zeit hat es Bäume im Inneren des Waldes zu Fall gebracht. So entstanden Kuhlen und Hügel, wie in einem Zwergengebirge. Hier beginnt eine Wildnis. Es ist ein alter Mischwald, wobei das Nadelgehölz zahlreicher ist und Tannenduft verströmt. Ein jetzt kahler Laubbaum fällt aus dem üblichen Rahmen. Er hat einen glatten, graublauen Stamm, er ist etwas schräg, aber kräftig gewachsen, und hat eine Vielzahl zur Seite gebogener Äste, die wie starke Arme wirken. Es ist ein Krieger. Ich halte ihn für den Hüter des Waldes. Immer, wenn ich in diese Stille eintauche, besuche ich ihn und grüße ihn mit Ehrfurcht und einem Lächeln. Er raunt dann seinen Gruß selbstverständlich zurück. Ich achte die Ruhe und bin willkommen.

Lange Zeit stehe ich so vor dem Waldhüter und betrachte ihn und verliere mich in dieser Betrachtung. Ganz langsam werde ich verschluckt und in einen Organismus aufgenommen, in das Gedeihen und Vergehen der Natur. In der Stadt können wir scheinbar fast naturlos leben und altern, wie Maschinen oder technische Geräte. Wir werden gewartet, repariert und oft achtlos weggeworfen. Wir werden an unsere Tätigkeiten und unser Umfeld durch

Verordnungen und Gebote angepasst und wachsen nicht in der Art und dem Tempo, wie es für uns vorgesehen ist. Wir sind manipulierte, konditionierte Wesen in einem mit Reizen überfrachteten Umfeld. Ich lehne am vielarmigen Baum und diese Stille und die ersichtliche Kraft der Natur stimmen mich melancholisch. In die Stille des Waldes und seine Gedanken zu versinken, setzt die Zeit außer Kraft. Ich stehe immer noch neben dem Waldhüter. Meine Stiefel sacken durch mein Körpergewicht in den Waldboden. Braune und grünliche Tannennadeln bedecken die Stiefelspitzen. Käfer krabbeln darüber und erklimmen die Beine. Eine Spinne wirft einen Enterhaken an meine Mütze, die Feuchtigkeit des Baumstammes saugt in meine dünnen Stoffhandschuhe ein. Der Atem verbindet sich mit dem Rhythmus des Waldes, dem Atem der Ameisen, der Bäume, Füchse und Rehe. Die Energie fließt ungehindert durch meinen Körper wie die Nährstoffe des Baumes von den Wurzeln bis zu den Blättern. Der Wald hat eine leise Melodie, ich nehme sie auf und summe sie innerlich. Erst als ich durch das leise Knacken eines Zweiges an mich erinnert werde, spüre ich wieder Temperatur. Es ist kühl geworden. Die Sonne hatte sich wohl hinter einer Wolke zurückgezogen. Es ist eine Ruhe, die Kraft gibt, das Eingehen in die Kraft des Waldes.

Ich denke an eine Patientin in Berlin, deren Kind sehr zart und schüchtern ist und oft kränkelt. Auch die Mutter ist oft krank. Obwohl sie schlank und trainiert aussieht, sich gesund ernährt, kommen immer wieder Schmerzen, Herzrasen und Betrübnis. An einem Tag erzählte sie mir traurig, dass selbst die Ärzte nicht richtig verstehen können, weshalb es ihr und dem kleinen Sohn immer so schlecht ging. Ich sehe ihre Traurigkeit. Sie fühlt sich alleine gelassen, ist scheinbar mit keiner Kraft verbunden und verliert immer mehr an Lebensenergie.

An einem schönen Tag bat ich sie, mit ihrem Sohn in den Wald zu gehen, auch wenn dieser krank sei. Sie sollte ganz bewusst in diesen Wald gehen und ihn genau betrachten, genau hören und fühlen und sich einen guten Platz suchen. Ich bat sie, hier mit ihrem Sohn eine Hand voll frischer Erde aufzunehmen, diese fein zu spüren und dann auf den Waldboden zurückzuwerfen, mit der Bitte, dass die Erde ihre Krankheit wegnehmen möge. Sie taten es und der kleine Junge begriff intuitiv und sagte ganz von alleine: „Liebe Erde, bitte nimm meine Krankheit weg." Sie streuten jeweils drei Hände Reis auf den Waldboden und viele mitgebrachte Blütenblätter. Sie zündeten Räucherwerk an und ließen die Kraft des Waldes eine ganze Weile feinsinnig in sich einströmen und bedankten sich dann bei der Mutter Erde. Die Patientin kam kurze Zeit später ganz glücklich zu mir und berichtete, dass sowohl sie als auch ihr Sohn sich wieder viel besser fühlten. Ich freute mich. Es ist ein Unterschied, ob wir durch die Natur latschen und über etwas ganz anderes nachdenken oder ob wir uns wieder mit ihr verbinden. Es kann eine Weile dauern, bis diese oft lange vernachlässigte Verbindung wieder entsteht. Wir können die Natur wieder wahrnehmen, achten und ihre Kraft spüren lernen. Dann ist die Natur eine große Heilerin.

Ich lasse mich heute nur eine Weile vom Wald verschlucken.

Entstehen Ängste, wenn wir uns von der Natur verschlucken lassen? Ich empfinde Kraft. Als abgespaltenes Wesen bewusst wieder zum Ganzen werden, wenn auch nur für Minuten, ist ein zauberhaftes Gefühl. Es geht nur, wenn wir uns darauf einlassen, frei von ablenkendem Geschnatter von Begleitern oder den eigenen unentwegt tätigen Gedanken zu sein.

Ich klopfe die Käfer ab und gehe langsam aus dem Wald.

Ich stehe auf dem freien Feld und bin zeitlich desorientiert und jetzt „unverschluckt“, oder besser: ein ungebundener Teil des Ganzen.

Ich stehe auf einer Bergwiese und schaue ins Tal.

Es ist ein gutes Gefühl, wenn der Blick weit wird.

Verschluckt war ich, wie alle Menschen, viele Male im Leben. Im Elternhaus, in der Schule, beim Studium, in Freundschaften, in Liebesbeziehungen. Wer möchte schon alle Zeit des Lebens unverschluckt sein. Wir begeben uns in etwas hinein, wir begeben uns in Systeme unserer Wahl oder in die wir hineingespült werden. Wir gehen miteinander um und lernen uns selbst durch andere besser kennen, wir spiegeln uns.

Menschen werden oft nicht für das geliebt, was sie sind, sondern für das, was sie sozial erwünscht vorzeigen, was sie vorspielen. Das Verheimlichen, die Lüge, das nach außen „Nette“, das scheinbar Positive vorzeigen ist anerzogen. Das halten viele für besser als sich selbst.

Wichtige Anteile ihrer Persönlichkeit befinden sich in einem verschlossenen inneren Zimmer. Dort wohnt auch der innere Verweigerer und bewacht das Geschehen. Er sorgt dafür, dass Menschen nicht aus sich herauskommen, sie sich nicht erheben, sich nicht frei entfalten, sich nicht leben lassen, sondern Sklaven ihres Sicherheitsbestrebens bleiben. Dieses Sicherheitsbestreben wird an die nächste Generation weitergereicht. Wir erleben oftmals Aufführungen von Scheinpersonen. Das Theater kann lebenslang dauern, es ist zum Teil unbewusstes Agieren.

Es sorgt für unglückliche, verlogene Beziehungen unter den Menschen.

In einem Buch „Schiffbruch mit Zuschauer"[4] las ich sinngemäß einen Satz, der mich beeindruckte: „Man solle seinen Kindern besser nur auf den Weg mitgeben, was nach einem Schiffbruch übrigbleibt."

Zumeist nur ein ungünstiges Schicksal kann Menschen manchmal dazu bringen, sich die Maske dann doch noch herunterzureißen. Ein Schiffbruch. Es lohnt sich, die inneren Anteile zu befreien, die in uns schlummern, wie den Mut, die Individualität, die aufrichtige Liebe, ganz spezielle Begabungen, die eingesperrt wurden. Es ist ein Weg des Lernens und des Empfindens, des Erlebens, um ein erfülltes Leben zu führen.

Wenn wir uns erkennen und unsere Persönlichkeitsanteile harmonisieren, kann die Angst sich frei nehmen. Das „Kind Angst" darf endlich spielen gehen, muss uns nicht behüten, muss nicht das Leben eines Erwachsenen führen. Erfüllen sich wahre Bedürfnisse oder werden sie nun angestrebt und benannt, entfaltet sich Schöpferkraft.

Die Schatten anerkennen, sich mit den eigenen Dämonen auseinandersetzen, sie in Energie umwandeln, das ist wirkliche Angsttherapie. Entspannung und Meditation, das Sich-in-die-Natur-Zurückzubegeben, sind Mittel, um sich zu sammeln und Kraft zu erneuern. Bekommen und geben. Wir können wieder in unsere eigene Natur eintauchen.

Es kommt von den Patienten dann aber oft die Bemerkung, dass nun mal der Job das Wichtigste sei, das Geld verdienen, die Sicherung der Existenz. Es geht um ihren Wohlstand. Doch richtig stehen, wohl stehen wir nur, wenn wir unsere wirklichen Bedürfnisse mit unserem Schaffen verbinden. Wenn wir dafür sorgen, dass auch andere daran teilhaben, wir uns unterstützen und wir die Natur respektieren und wieder wahrnehmen, uns mit ihr verbünden. Wir stehen wohl, wenn wir unsere Natur erkennen, unsere Menschlichkeit.

Diese nun bewusst gewählte Situation, einmal ganz alleine in einem Waldhaus zu sein, heißt, sich mit den eigenen Dämonen auseinanderzusetzen. Und das ist eine intensive Erfahrung. Zugegeben schaurig schön, Zumutung und Geschenk zugleich. Immer wieder ist auch der Impuls da, wegzulaufen, loszufahren.

Bertram, der Zimmermann, der hier 18 Monate zubrachte, war eigentlich ängstlich und den Menschen und der Natur gegenüber sehr vorsichtig. Er schlief am Ende seines Aufenthaltes seelenruhig auf seinem Bett und ließ alle Türen offen. Er hatte durch das Schweigen und In-sich-Gehen alle Angst vor Übergriffen verloren. Es gab nichts, was man ihm stehlen konnte, er war mit sich im Reinen. Auch André konnte im Wald alleine sein, auch Marian kann im Wald alleine sein. Sie folgten, folgen ihrer Bestimmung.

Oberflächlich können Ängste durch empathische Gespräche gestutzt werden. Aber mit sich ins Reine zu kommen stellt eine andere Qualität dar. Manchmal bedarf es auch erfahrener psychologischer Hilfe.

Ich setze mich auf einen alten Baumstumpf auf der Bergwiese und blicke über die Hügelketten des Isergebirges. Die Sonne bescheint manche Waldausschnitte und Berghänge.

Ich konzentriere mich nur darauf, die wunderbare Luft einzuatmen und zu beobachten, wie diese in den Körper strömt. Mein Körper wird warm.

Ich feiere den Tag ,indem ich den kalten, reifbedeckten Hügel am Berg hinunterrolle und über den Fluss springe, die Raubvögel am Himmel grüße, die hier seit Jahren kreisen, alle Fenster des Hauses öffne und alles durchwehen lasse und umherlaufe, bis die frische Luft alle Zellen im Körper erreicht hat.

„Bist Du länger alleine hier, nimmt die Angst ab.“ Das hatte Marian gesagt, und im Moment stimmt es. Ich bin zufrieden und habe mich an die Stille gewöhnt und kann sie als Kostbarkeit genießen. Auch mein Kater sieht sich draußen um. Er frisst Gras und schleicht durch seine Gefilde.

Ich beobachte, wie er seine Kreise langsam erweitert.

Es wird gegen 17 Uhr dunkel. Die Zeit vergeht schnell durch die Verrichtung kleiner, notwendiger Tätigkeiten wie Heizen, Wasser holen, Abwaschen, Essen zubereiten.

Ich koche Milchkartoffeln. Die fertigen Salzkartoffeln zerteile ich sehr grob mit einer Gabel und gebe dann

Zwiebeln dazu. Milch wird aufgegossen und mit Pfeffer und Salz abgeschmeckt. Dann wird alles noch einmal zwei bis drei Minuten erhitzt und so verliert die Milch durch die Zutaten den vordergründigen Geschmack. Es duftet wunderbar aromatisch nach diesem Gericht. Einer der vielen angenehmen Gerüche, die aus der Kindheit geblieben sind. Dazu schmeckt Salami. Eine italienische Salami habe ich mitgebracht. Sie schmeckt vorzüglich, und so ist das einfache Essen sehr bekömmlich und wärmt den Bauch. Ich mag meinen Bauch.

Der Kater schnüffelt und schaut sich um, ob für ihn etwas abfällt. Er ist aber kein Milchliebhaber und kaut lieber knackend auf seinem Trockenfutter und kommentiert den beginnenden Abend nur mit einem gelangweilten „miau". Auch Tiere müssen erst eine Weile in einem Haus zubringen, das sie noch nicht kennen, um wirklich entspannt zu sein. Sie sehen sich sehr genau um. Ich war bisher nur in Begleitung an diesem Ort und das führte dazu, dass alle zumeist in Gesprächen gefangen waren und die Umgebung nebenbei wahrnahmen. Ganz alleine konnte ich mich wieder achtsamer verhalten. Das genaue Betrachten von Dingen, darum ging es, um Gesamtheit und Details, um das bewusste Betrachten und das tiefere Empfinden eines Ortes. Auch einen Menschen bewusst zu erfassen ist eine Angelegenheit, auf die man sich einlassen kann. Einen Menschen wirklich zu erfassen, ist eine Entscheidung. Ohne diese Entscheidung und das Vermögen dazu bleibt alles nur Hülle, nur eine Beziehung. Ob mein Musikerfreund noch an mich denkt? Wie gerne hätte ich eine Nachricht von ihm. Ich vermisse ihn teilweise schmerzhaft.

Ich betrachte die Bergwiese. Da kein Schnee liegt, kann ich im Schein der Hauslaterne die Pflanzen sehen, die sozusagen gebeugt auf der Erde liegen, denn die Feuchtigkeit macht sie schwer. Ich bin nicht in der Lage, die unterschiedliche Gräser und Pflanzen zu benennen. Ich weiß nicht, was essbar ist und was nicht. Es würde mich aber durchaus interessieren. Ohne Hunger sind Pflanzen einfach unbestimmte Gewächse. In Hungersnot haben die Menschen einen Vorteil, die sich in der Natur auskennen. Es ist schön, das uns Umgebende kennenzulernen, es zu benennen, zu wissen, was für das Überleben nützlich ist, für Mensch oder Tier. Dann achten wir die Natur und nehmen nur das, was wir wirklich benötigen. Und wir bemühen uns, es zu erhalten.

Die Nachbarn in Polen kenne ich nur flüchtig, denn die Zeit, die mir bleibt, um ins Isergebirge zu fahren, ist sehr begrenzt und meine polnischen Worte ebenfalls. Es reicht für einfache Gespräche. Heinrich, der Schlachter, der an der Weggabelung mit Frau und Sohn wohnt, ist freundlich, aber trinkt viel Alkohol. Das heißt, dass er auch am Konsum steht und mit den Trinkern des Dorfes Neuigkeiten austauscht. Es ist nicht notwendig, dass er zu viel über mich und das Haus weiß. Wir helfen uns einfach, wenn es notwendig ist, und grüßen uns freundlich. Daneben wohnt Dariusz mit seiner Frau. Er ist Arzt. Sie sind freundlich, aber es kommt zu keinen längeren Gesprächen. Sie möchten ihre Ruhe. Es reicht, sich auf die wesentlichen Menschen und Dinge einzulassen, mit denen wir in Resonanz stehen, die wir zum wirklichen Leben benötigen, die uns nah sind. Es gibt Marian und seine Familie und einige interessante Menschen hier in der Gegend.

Ich möchte mich um die genauere Bezeichnung der Pflanzen bemühen.

Ich sitze nun wieder am Ofen und betrachte die Flammen, wie sie Farbe und Form wechseln, und lege zwei Scheite Birkenholz auf, die noch etwas frisch zischen.

Ich denke daran, wie uns mitgegebene Sätze prägen können. Manch einer nimmt einen beschwerlichen Satz der Eltern mit ins Grab oder übergibt ihn als Erbe an die nächste Generation. Solche Sätze lauten: „Du bist nicht liebenswert“, „Aus dir wird nie etwas werden“ und ähnliches. In diesem Sinne legen wir im Laufe des Lebens, dann auch durch andere Erfahrungen hervorgebracht, noch andere negative Selbstbewertungen mit dazu. In einem Seminar hatte ich zwölf Personen gebeten über ungünstige Sätze in ihrem Leben nachzudenken, über Denkfehler, wie sie von den Kognitionspsychologen genannt werden.

Jeder der zwölf Seminarteilnehmer überlegte ganz für sich. Es waren hunderte von Sätzen möglich. Als sie Minuten später antworteten, sagten zehn von zwölf Personen: „Ich bin eine schlechte Tochter.“ Alle sahen sich erstaunt an. Das hätte niemand erwartet. So hätte eine Filmszene beginnen können. Es zeigte ein deutliches Problem dieser Gesellschaft. Menschen stehen unter Existenzdruck und Zeitmangel und haben für andere und auch für die Eltern kaum Zeit. Es blüht das schlechte Gewissen. Dazu kommt, dass nicht alle Eltern mit ihren Kindern liebevoll umgehen. Es gibt Gewalt. Es gibt aufgedrückte Moralvorstellungen, starke Dominanz, Prüderie und emotionale Erpressung. So entwickeln sich ebenfalls Abstände. Zu große unfreiwillige Abstände zwischen Eltern und Kindern erzeugen inneren Druck. Und Sätze, die Kinder und ihre Fähigkeiten in Frage stellen, erzeugen ein eingeschränktes Selbstwertgefühl oder auch einen starken Hang der größer werdenden Kinder zum Perfektionismus. Oft wird auch eine Art Belohnen-Bestrafen-Spiel fortgesetzt. Viele Männer suchen sich in Beziehungen Frauen, die den Umgang mit ihnen handhaben wie ihre Mütter. Das Kochen, das Versorgen muss gut funktionieren, und sie sind es gewohnt, ab und an bestraft zu werden. Das schließt auch ein, dann mal unartig oder auch untreu sein zu können. Das waren ja auch schon die Väter, so manchmal heimlich untreu, man hört so Geschichten. Es wird dafür ja wieder bestraft mit Zetern, Vorwürfen, Ansprüchen, Beschimpfungen und sexueller Verweigerung, und das ist dann wie eine Absolution für die Lügen. Manche Frauen suchen sich auch eher Väter als eine herzliche Liebe, um sich aufgehoben zu fühlen und treue Begleiter für die Aufzucht ihrer Kinder zu haben. Bekannte Muster geben scheinbaren Halt.

Konditionierungen aus der Vergangenheit.

Die Mäuseuhr

Wenn Archäologen Ausgrabungen vornehmen, gehören die Fossilreste kleiner Säugetiere mit zu den Funden. Diese haben seit einigen Jahrzehnten Bedeutung erlangt. An den Resten ihrer Knochen und vor allem der Zähne kann man auf das Alter und die Umweltbedingungen der Fundstellen schließen. Für die Bestimmung artbezogener Zugehörigkeit genügt oft ein einziger Backenzahn. Die Backenzähne der Wühlmäuse sind dafür sehr gut geeignet. Man spricht, wenn Archäologen diese Hinweise benutzen, auch von einer „Mäuseuhr".

Ein Freund und Archäologe arbeitete mit seinen Kollegen an einer Ausgrabungsstätte in einer Stadt. Eine fremde Frau kam mit ihrer kleinen Tochter an der Stelle vorbei. Das Kind zerrte am Arm der Mutter und wollte unbedingt zu der Ausgrabungsstelle. Die Mutter versuchte, sie davon abzuhalten und sprach auf sie ein, doch die Kleine setzte sich durch. An der Ausgrabungsstelle fragte das Kind die Archäologen: „Was sucht ihr da?" Diese antworteten freundlich und wahrheitsgemäß: „Die Mäuseuhr." Die Mutter zog nun das Kind hinfort und sagte laut und erbost: „Das habe ich dir doch gleich gesagt, dass die dich belügen und auslachen."

Eltern erzählen den Kindern Geschichten. Märchen und reelle Geschichten über Menschen. Viele Geschichten enthalten Beurteilungen. Die Kinder haben eine genetisch übermittelte Fähigkeit, sich anzupassen, und nehmen unbewusst oder bewusst jede Botschaft auf.

In der Kindheit und Jugend werden Werte vermittelt.

Die Generation meiner Eltern hatte einen Krieg kennengelernt. Hunger und Krieg, und der Wunsch, der im Leben besonders entscheidend war, hieß: „Sicherheit, Frieden und etwas zu schaffen, für sich und ihre Kinder".

Die so übertragene Forderung an die Kinder hieß, Leistung zu erbringen und diesem Muster nachzueifern. Längst waren die Hungerzeiten in Deutschland vorbei, aber die vermittelten Werte blieben die der Nachkriegszeit oder anderer Zeiten, in denen das einfache Überleben eine übergeordnete Rolle spielte. Der Stellenwert, einer

Tätigkeit nachzugehen, die sich vor allen Dingen finanziell lohnt, ist sehr oft noch maßgebend. Dabei würde es in der heutigen Zeit sicher darum gehen, sich um Dinge zu kümmern, die Gleichgewichte schaffen, ökologisch, menschenrechtsbezogen, finanziell, kulturell, und die Gewinne aus dem Arbeitsprozess gerechter zu verteilen.

So könnten wir unseren Eltern vorwerfen, uns zu materiell erzogen zu haben. Doch gibt es keinen Beweis, dass wir ohne die Erziehung anders wären. Es ist einfach erforderlich, Schritt für Schritt für unser Leben selbst die Verantwortung zu übernehmen und mit unserem Schaffen Gleichgewichte zu befördern. Sich selbst und auch andere und vor allem die Natur aufmerksamer wahrzunehmen und zu schützen. Das ist eine Aufgabe, die erforderlich ist.

Wir bezahlen das übermäßig blinde Leistungsstreben mit Angst, mit dem Verlust unserer Natur. Wir müssen uns zuallererst wieder selbst erfassen, uns lieben lernen, oder, wie es in buddhistischen Lehren heißt: *Maitri* entwickeln, Mitgefühl mit uns selbst und so auch anderen Personen gegenüber, das wurde mir immer wieder bewusst. Es gäbe kaum ein sogenanntes Burnout ohne diese Fehlanpassungen. Es fehlt ein tieferer Sinn der Existenz. Es fehlt die Ethik neben der Betrachtung des sogenannten Intelligenzquotienten.

Sein und Haben (Text: Helmut Ruge †)

Damit Du was bist,
Musst Du was werden.
Damit Du was wirst,
Muss Vater was sein.
Doch dazu muss Vater
Erst mal was haben.
Denn ohne zu haben,
Gibt es kein Sein.
Hat aber Vater
Nichts als sein Sein,
Musst Du halt selber
Ein Habender sein,
Um das zu werden,
Tummle Dich drum,
Schlage die andern,
Oder bringe Dich um.
Haperts am Haben,
Kannst Du nix werden.
Bist nix geworden,
Bist Du nicht wer.
Bist Du nicht wer,
Bist du ein Niemand.
Mit Niemand
Lässt niemand sich bei uns gern ein.

Bist Du ein Niemand,
Hast Du auch Niemand,
Niemanden haben
Jetzt immer mehr.

Immer mehr haben
heißt: Immer mehr
haben von ihrem Leben
weniger was.
Nur wenige haben von ihrem Haben
immer noch mehr.
Und mehr
haben Nichts.
Und könn‘ nicht mehr werden,
Weil sie nichts haben.
Also haben vom Haben
sie nichts.
Niemand zu werden,
Jemand zu sein,
Könnte das Sein
vom Haben befrein.
Wir können nichts mehr werden.
Wir können nur noch sein.
Es gibt niemand, der nichts ist,
und niemand allein.

Der kristallklare Fluss spendiert das Wasser zum Leben, der kanadische Holzfällerofen gibt die Wärme und Behaglichkeit, die klare Luft lässt mich durchatmen, riecht aromatisch nach Erde und Wald.

Es ist heilsam in der Natur seine Natur zu empfinden.

DAS VIERTE HAUS – KUNST

„Kunst ist konzentrierte Natur“[5]

Es ist ein sonniger Morgen. Ich habe wenig geschlafen, denn Marian hatte mir über Einbrüche berichtet, die immer wieder im Dorf passieren, so auch in meinem Haus, wenn ich nicht hier war. Es ängstigt mich und ich frage ihn immer wieder, ob er es auch für möglich halten würde, dass die Diebe kommen, wenn ich dort alleine in der Nacht wäre. Er sagt: „Delia, ich denke 100 Prozent nein, sind, denke ich, junge Leute, brauchen alles, was Geld bringt, sind bisschen verrückt, aber kommen nur, wenn niemand da.“ Das tröstet mich nicht allzu sehr, aber ich vertraue Marians Worten einigermaßen und will mich nicht aus Angst von diesem Gebiet vertreiben lassen.

Wir überlegen, wie wir den Dieben auf die Spur kommen können. Die beste Lösung wäre eine Kamera. In der Nacht zuvor, kurz vor dem Einschlafen, hörte ich eine Stimme vor einem Fenster und polnische Worte. Ich machte meine Taschenlampe an, um schnell in meine Jeans zu schlüpfen, löschte dann das Licht und schaute im Dunklen immer wieder durch Schlitze der Vorhänge nach draußen. Es schien alles friedlich zu sein. Mein Herz klopfte wild und ich musste mich beruhigen. Ich hatte eine Dose Pfefferspray und holte mir zusätzlich ein Messer, das ich unter dem Laken versteckte. Ich war sozusagen kampfbereit und bildete mir immer wieder ein, draußen Lichtkegel vorbeihuschen zu sehen. Fiktion oder Wirklichkeit, es war nicht zu unterscheiden. Angst ist ein sehr schlechtes Gefühl und ich gebe zu, dass ich es in diesem Moment bereute, mich alleine hierher begeben zu haben. Es ist einfach gefährlich, denn dort, wo der eine Mensch

Besitz hat und ein anderer nicht, gibt es keine Balance, gibt es keinen Frieden, nicht zwischen Menschen und nicht im Menschen. Der Frieden ist dann nur eine Möglichkeit. Wir sind verletzlich. Ich hatte den ganzen Abend an Texten geschrieben und war müde, also schlief ich irgendwann völlig geschafft ein und fiel in einen erstaunlich tiefen Schlaf. War das alles wirklich gut, was ich mir ausgedacht hatte?

Der gute Schlaf nahm die Bedenken.

Dieser Morgen also ist wunderschön. Ich wache früh auf und die Luft, die milde Sonne, welche durch die Fenster scheint und mich weckt, der Fluss, der mich wie immer erfrischt, alles ist noch schöner. Ich atme an der frischen klaren Luft durch und nehme es bewusst als etwas Wunderbares wahr, einfach zu sein.

Bertram, der Zimmermann, schläft, wie bereits beschrieben, im Haus mit offenen Türen. Er verlor seine Ängste, indem er es nach und nach aufgab, sich abzuschotten. Er brach ein Muster. Das würde ich mich doch nicht so absolut trauen, denn Einbrüche sind real. Doch von den Horrorvisionen aus Kriminalfilmen etwas Abstand zu nehmen, tut mir gut. Ich traue mich, einfach in einem Haus zu leben, das mir gefällt. So ist es richtig. Jawohl. Es ist ein Wohnhaus, es ist das Wohnhaus von mir und meiner Tochter und ein Haus für Freunde.

Ich möchte den Tag mit einer Wanderung beginnen, ziehe mich warm an und gehe eine schon gewohnte Runde zum alten Wald. Hier im Isergebirge sind alle Linien schräg. Häuser an den Berghängen erscheinen dadurch wie schief gebaut, doch unsere Sicht auf die Dinge ist einfach ungenau. Das wechselnde Licht an den Hängen fasziniert mich. Ich stehe auf dem Hügel vor dem alten Wald und schaue über das Land. Die Burg *Gryfów* erhebt sich. Meine Schritte beugen das Gras, welches vom Raureif schwer ist, hinterlassen Abdrücke. Der Wald bietet selbst im Winter eine Variation von Grüntönen, die mein Herz erfreut. Ich sehe das Haus, in dem ich wohne, aus einer anderen Perspektive im Tal. Es ist gut eingelassen in das Gesamtbild der Gegend, und die Farben des Hauses, Rotbraun, Grün und ein heller Putz, durch den an vielen Stellen die Ziegel und die Feldsteine zu sehen sind, aus denen der Körper des Hauses besteht, passen harmonisch in das Bild. Der Rauch vom Schornstein steigt fast senkrecht in die Höhe. Es ist windstill. Die zarten Sonnenstrahlen wärmen mich durch die Pelzjacke hindurch. Mir ist angenehm warm, nur der Atem kondensiert. Es ist ein wunderschöner Moment, auf dieser Anhöhe zu stehen und die Pracht der Wiesen, Wälder und Flüsse wahrzunehmen, die Farben- und Lichtspiele. Es ist ein Gefühl, das ich gerne teilen würde.

Auf einem Konzert lernte ich einen Mann kennen, der nicht so recht in diesen „Anarcho-Rahmen“ passte. Er sah einfach nicht nach „Rock‘n‘Roll“-Publikum aus, sozusagen fehlte ihm der eingeweihte Blick, das typische Umherstreifen auf eine gewisse Art, das Angepasste. Es lag nicht an der Kleidung, die war passend. Er schaute sich freundlich um. Er beobachtete mich lächelnd, wenn ich umherlief und Absprachen mit Musikern und Technikern traf, und das fiel mir auf. Er sah sympathisch aus und es tat mir gut, von ihm so freundlich angesehen zu werden.

Am Abend kamen wir in ein Gespräch. Er arbeitete frei als Architekt, malte Bilder und lebte in einer kleinen Stadt in der Nähe von Schwerin. Er war aus Neugierde auf diese Veranstaltung gekommen und hörte nun die Musik der im Mainstream unbekannten Bands, die also in der Regel nicht im Radio zu hören sind, und betrachtete die Leute. Wir saßen lange an der Bar und unterhielten uns. Es war ein schöner Abend. Er wollte mich näher kennenlernen, besuchte mich in Berlin und bemühte sich sehr intensiv darum, die von ihm gewünschte Zuneigung zu bekommen. Seine intensiven Bemühungen rührten mich.

Wir wurden Freunde.

Ich denke an M., den Architekten. Es ist sein Beruf, sich sozusagen mit Gemäuern auseinandersetzen zu müssen und mit der Natur, welche sie umgibt.

Er hatte sich ein feines Häuschen in edler Umgebung gebaut. Was würde er zu dem Waldhäuschen hier in Polen wohl sagen? Dieser Ort berichtet einen Teil von mir, er ist wesenszugehörig. Er kennt diesen Ort nicht.

Wie wir wohnen, sagt viel über uns aus. Es ist Lebenskunst. Wir entdecken uns als Menschen stückchenweise. Jedes Detail spielt eine Rolle, das Aussehen, das Sprechen, die Art zu essen, zu lachen, sich zu bewegen, aber eben auch sich zu kleiden oder zu wohnen. M. muss seine Pläne in seiner edlen Wohnstadt verfolgen. Er hat zwar einen flexibel geregelten Ablauf in seinen Tätigkeiten, der eine gewisse Freiheit darstellt, so wie ich sie in der Stadt auch lebe. Doch eine Grundspur der alltäglichen Verrichtungen ist dort, wo man auf das Äußere achtet, wo Besitz eine große Rolle spielt, ganz besonders vorgezeichnet. So berichtete er mir, dass der Grünschnitt (so bezeichnet man abgeschnittene Äste von Bäumen) von seinem Grundstück zeitgerecht in Plastetüten gesteckt werden muss, um abtransportiert zu werden, das Grundstück hat gepflegt und gut auszusehen, wie auch die Menschen, die dort wohnen. Alles ist in Eigenheimsiedlungen geregelt, weil die Bürger es so möchten. Fein geschnittene Hecken, Buchsbäumchen, die mit der Heckenschere zu Häschen oder ähnlichem zurechtgestutzt werden, ein feiner Rasen, aus dem jedes Unkraut entfernt wird. Alles im rechten Winkel, wie es schon Heinrich Heine mit dem Blick auf deutsche Städte und Landschaften erkannte.

Er erzählte mir manchmal aus diesen geordneten Verhältnissen heraus, er hätte immer wieder das Gefühl, als fehle ihm etwas. Es gäbe da eine Sehnsucht nach Leben. Er entwirft Häuser, Villen, und so, wie er berichtete, auch ein Haus am See und die dazugehörige Außenanlage. Ich empfahl ihm, aus Spaß eine Baumschaukel mit einzuzeichnen, aber es sind dort nur Büsche erlaubt. Wie traurig ist ein Ort, an dem Bäume verboten sind. Darin sind wir uns scheinbar einig: Ohne eine ursprüngliche Natur verlieren wir auch ursprüngliches Leben, verlieren wir uns als Lebewesen. Doch er kann dieses Wissen nicht umsetzen. Er ist in seinem Schaffen beschnitten. Er spürt es irgendwie. Es bedarf der Veränderung, raus aus dem starren Konzept, aber er weiß nicht wie. So arbeitet er weiter und fügt sich zumeist den Vorgaben. Das Wohn- und Selbstkonzept ist sozusagen bis ans Lebensende durchkonzipiert, statisch. Sein Haus in der deutschen Stadt, seine Wohnart und die damit verbundenen Tätigkeiten haben mit meiner Art, zu leben, nichts zu tun. Weshalb also ziehe ich ihn trotzdem an? Weshalb möchte er mit mir befreundet sein? Vielleicht, weil wir unter unseren Rollen, unter der Oberfläche zu finden sind. Ein nicht gelebter Anteil von M. ist der Abenteurer, der Kreative, der Künstler, den es wegzieht von nur geraden Linien.

Ich scheine auszustrahlen, was er vermisst. Irgendwie möchte er davon etwas abbekommen. Doch der rationale Kontrolleur sorgt dafür, dass der Generalplan gelebt wird, und dieser Plan spricht vorwiegend von Struktur und Ordnung, nicht von Leichtigkeit und Kreativität.

Er schafft es nicht, sich im Felsen zu strecken. Dann wäre da die komplette Unsicherheit, wie er mit dieser neu empfangenen Beweglichkeit umgehen solle. So versteinert er.

Es ist die Angst vor dem scheinbaren Chaos.

Existenzangst.

Warum aber halte ich den Kontakt zu ihm?

Weil er als Freund immer wieder versucht, mich zu erfassen, er hilft mir, wenn ich traurig bin, er bringt mich zum Lachen, er bewegt sich gerne. Er interessiert sich für die Dinge, die mich bewegen und ist solidarisch, wenn Menschen Hilfe brauchen. Die Schamanen würden sagen: „Er hat ein gutes Herz.“ Doch dieses Herz ist in feststehende Ansichten eingemauert. Er liebt den Schein am Sein zu sehr.

Ihm fehlt die Natur mitten im künstlichen Grün.

Mir steckt der Plan meiner Eltern, hin zur Vernünftigkeit und Struktur, zu Sauberkeit und Ordnung, ebenfalls im Blut. Wenn ich klarer denken möchte, räume ich zuerst äußerlich auf.

Es gibt also eine eigene Sehnsucht nach Struktur

und Geborgenheit in mir. Diese hatte ich aber verdrängt. Auch André hatte diese Bedürfnisse sozusagen ausgesondert. Wir hatten beide die Flucht davor ergriffen, vor zu viel Struktur und Disziplin und auch vor den Mustern herkömmlicher Beziehungsgestaltung. Wir hatten unser Umfeld aufmerksam wahrgenommen, wir haben hingeschaut. In den ordentlichen Häusern passierte nicht selten Unmenschliches. In dem feinen Wohnviertel, in dem ich aufwuchs, war es nicht selten der Fall, dass Kinder hart verprügelt wurden, wenn sie „unartig“ waren. Da, wo sich Menschen zusammentun und über Ordnung und Rechtschaffenheit rigide nachdenken, passiert nicht selten das Gegenteil. Die Brutalitäten wurden später verdrängt, so als hätte es sie nie gegeben. Die Ordentlichen in den Städten und Dörfern zeigen sich gegenseitig an und bespitzeln sich. Bestimmungen schränken oft ein und beschneiden Leben und auch das künstlerische Schaffen.

Wir dachten also, das komplette Gegenteil zu leben würde ein interessantes, ein ehrliches Leben schaffen.

Und das war es zum Teil auch, denn Langeweile und eine biedere Angepasstheit, ein nach-außen-Vorzeigeleben war es nicht, das wir führten. Wir stellten das Gegebene in Frage, auch uns. Es war ein bewegtes Künstlerleben mit den entsprechenden Werken. Doch fehlte die Weichheit, das Sanfte und manchmal durchaus auch eine angemessene Toleranz gegenüber Menschen, die über andere Wege lernen mussten, sich mit dem Leben und sich selbst auseinanderzusetzen.

Das zu erkennen ermöglicht mir heute, freundlicher mit mir selbst umzugehen und toleranter und interessierter die Lebensentwürfe anderer zu betrachten. So auch den

Lebensentwurf meines Architektenfreundes.

Ich wünsche ihm Glück auf seinem Weg der Oberflächenveredelung. Dort, wo die blitzblanken Menschen wohnen, denn jeder bezieht seine Erfahrungen aus anderen Irrtümern. Wir werden auf verschiedene Wege gestellt, um loszugehen.

Seine Bedürfnisse unzensiert wahrnehmen und sie eben dann in einem ethischen Maßstab leben, das heißt, sich in Balance zu bringen. Ich denke wieder an Mohan Rai, den Schamanen. „Sich in Balance bringen."

Hier in dieser wilden Natur erscheinen künstliche Lebensnormen absurd. Auch hier wird natürlich der Rasen gemäht oder die Pferde grasen ihn ab, wenn er um das Haus herum zu hoch ist, doch er hat unterschiedliche Längen und Wildblumen, Spitzwegerich, Moos, Sauerampfer sind in ihn eingebettet. Niemand würde auf die Idee kommen, die Blätter wegzusammeln, den Spitzwegerich oder die Butterblumen auszumerzen. Die unterschiedlichsten Farben der heruntergefallenen Blätter erfreuen im Herbst das Auge. Nach dem Winter wird von diesen Blättern, die jetzt braun sind, nichts mehr in dieser Form übrig sein. Die Natur reguliert sich selbst, insofern sie eben noch Natur ist und nicht eine Attrappe ohne Kraft und Zyklen.

Das Haus hier in Polen ist ein gerettetes Lebewesen. Es ist belebt und verändert sich, wie Menschen. Es ist ein Kunstwerk. Moos und Flechten heften sich an kleinen Stellen des Gemäuers an, Salpeter frisst an Zimmerecken, ein neues, mit Holz verkleidetes Zimmer entsteht, Schiefersteine in unterschiedlichsten Formen und Farbglitzerspielen sammele ich für den Fußboden im Bad, der jetzt noch aus grauem Beton besteht. Hier sind die Winter zumeist streng und es liegt viel Schnee. Das Weiß wird in diesem Jahr noch kommen. Dann ist der motorisierte Weg zum Haus abgeschnitten. Es ist bis jetzt ein Winter mit wenig Schnee, was sehr selten ist. Das Haus trägt nach jedem Winter, nach Sturm oder Dauerregen kleine Blessuren davon, diese werden ausgebessert und so verändert sich alles in kleinen Schritten. Auch das Innenleben des Hauses wechselt natürlich mit den Besitzern.

Marian bezeichnet das Haus manchmal liebevoll als „unsere *Ruina*".

Marian kaufte vormals unser Haus. Es stand einsam am Waldrand und die Leute wollten ihm schon das Blechdach rauben, und dann wäre es restlos ausgeschlachtet worden. Er rettete und reparierte es. Es war einmal ein Stall und wurde später erst für Menschen umgebaut. Und 1994 übernahm es André mit mir und unserer Tochter. Wir retteten dieses Haus ebenfalls vor dem weiteren Zerfall und meine Tochter und ich bewohnen das Haus weiterhin eine Weile, mit dem Wissen, dass es keinen dauerhaften Besitz von Grund und Boden gibt. Alles wird einmal von anderen Menschen bewohnt werden und das Haus verändert seinen Charakter, sein Aussehen, vielleicht seine Funktion. Es verändert sich mit jedem Tag.

Wir sorgten dafür, dass es im Haus trocken wurde, denn es hatte über die Jahre viele Mängel.

Die Polen sagen das Haus gehört den *Niemsky Musykami*, den deutschen Musikern. Das Gebiet, in dem wir wohnen, gehörte einst zur Kolonie Schreiberhau bzw. lag in direkter Nachbarschaft. Hier wohnten immer deutsche und polnische Künstler gemeinsam mit der Dorfbevölkerung.

Kunst und Natur passen gut zusammen.

Die Natur ist der Meister und wir sind die Lehrlinge.

Die Ausdrucksweise in der Kunst verändert sich mit der Lebensweise.

Was hat die Kunst mit der Angst zu tun?

Ich kenne verschiedene Arten von Künstlern, wenn ich diese einmal grob sortieren sollte.

Einmal die „Verletzten". Es wird verarbeitet, was das Leben an besonderen, einschneidenden Ereignissen mit sich brachte. Wer nicht geliebt wurde, bekommt vielleicht reichlich Gunst durch ein Publikum. Wer gequält wurde, bekommt Verständnis. Wer unterdrückt wurde, kann sich Größe geben und sich präsentieren, wenn die Kunst, also die Verarbeitung der Geschichten, angenommen wird.

Zum Zweiten die „Sublimierer". Sie leben sich nicht als Person mit ihren wirklichen Bedürfnissen, sondern als dramatische Gestalt, als Histrionen, denn die Person selbst, die sie sind, könnte für sich genommen scheitern. Sie führen eine Person auf, die sie abgöttisch lieben, ihr Idealbild, und schauen mit Narziss in das Wasser. Sie sehen nur sich und vergleichen sich mit anderen Idealen. Es führt oft zu großartigen Leistungen. Sie bekommen auf der Bühne nun die Anerkennung, die scheinbare Liebe, die ihnen im Laufe ihres Lebens versagt wurde oder die sie sich nicht trauten. Ihre Schatten aber verfolgen sie.

Zum Dritten die „Freudigen". Sie probieren sich an Klängen, an Worten, an Zeichnungen, so wie es gerade kommt. Es sind die kindlichen Gemüter.

Und es gibt viele Mischtypen der drei Varianten.

Ab und an gibt es besondere Talente, die den goldenen Funken geschenkt bekamen, Charisma, Kreativität und

Mut. Sie sind die leuchtenden Sterne.

Sie verändern schnöde Realität.

Sie kreieren Lebensraum.

Sie bringen Menschen zum Nachdenken und Fühlen.

In der Kunst- und Kulturszene, in der ich zuhause bin, sind alle integriert. Ein Teil unternimmt eher künstlerische Versuche und andere sind schon bekannte Künstler, Musiker, Filmschaffende oder Autoren. Die Auseinandersetzung mit dem Leben und der Gesellschaft ist ein bewusstseinserweiternder Beitrag und es ist auch eine Auseinandersetzung mit dem Thema Angst, auch wenn das nicht immer bewusst ist. Es entstehen gemeinsame Projekte und so ein Austausch. Einige Jahre nach dem Mauerfall sind die Künstler dieser Szene von ihrer Herkunft her bunt gemischt. Den Kern aber bildet noch die Prenzlauer-Berg-Bohème, die mein Bezugspunkt und Lebensumfeld geworden ist.

Es geht um Kreativität und Menschlichkeit.

Die Kreativität spielt auch während der Therapie von Angstpatienten eine Rolle. Hier geht es bei vielen zumeist erst einmal um ganz einfache kreative Tätigkeiten. Vielleicht darum, die guten Momente grauer Herbsttage in Fotografien einzufangen, Tagebuch zu schreiben, zu töpfern, zu tanzen, ein Instrument zu erlernen, um eine Möglichkeit zu finden, Emotionen zum Ausdruck zu bringen. Es gleicht scheinbar einem Kinderspiel, doch sehr oft mit bemerkenswerten Ergebnissen. Es ist befreiend, wenn Menschen wieder innere Bilder entwickeln und sich über diese ausdrücken können. Die Menschen berichten dann in anderer Form über sich, authentischer. Was sie über sich erzählen, ist nicht deckungsgleich mit dem, was sie über künstlerische Tätigkeiten ausdrücken. Über die Bilder geht es in die Tiefe der Persönlichkeit. Es ist eine Möglichkeit, andere Perspektiven einzunehmen. Haben sie sowieso künstlerische Interessen, ist es für sie schon etwas selbstverständlicher, sich über ihr Schaffen auszudrücken, Gefühle und Erlebnisse zu verarbeiten. Doch auch als Künstler kann ich maskenhaft agieren, ohne mir dessen bewusst zu sein. Es ist in der Therapie wichtig, die Masken abzulegen.

Dann werden Emotionen verarbeitet.

Es werden Blickwinkel erweitert.

Es ist in der Kunst notwendig, Masken abzulegen.

Nichts spricht aber gegen Fiktionen und Freude am Spiel des Ausdrucks.

Es geht um die verschiedenen Motivationen, künstlerisch tätig zu sein. Es gibt neben den vier beschriebenen Arten noch eine fünfte Art des künstlerischen Schaffens. Es sind die Business-Künstler. Sie kennen den Markt, haben handwerkliche Fähigkeiten der Sparte in ausreichendem Maße erworben und ziehen durch zum materiellen Erfolg. Sie haben kein anderes Ziel.

Ihre Aussagen sind zumeist angepasst und tragen nicht dazu bei, etwas auf diesem Planeten zum Positiven zu verändern.

Sie bedienen das System, wozu es auch gehören kann, scheinbar sehr rebellisch oder obszön zu sein. Alles ist Show. Schnickschnack. Bullshit.

Kunst ist in einem gewissen Sinne nur frei, wenn sie nicht kommerziell ist. Nur wenigen Menschen gelingt es, mit wirklich bedeutsamer Kunst, Geld zu verdienen. Dann ist es allerdings erfreulich.

Ich denke parallel an die nepalesischen Schamanen. Menschen zu heilen ist auch eine Kunst. Die *Jhankris* dürfen keine Praxis eröffnen, dürfen kein Geld nehmen, nur Spenden, Zuwendungen der Menschen aus ihrer Anerkennung heraus.

Das ist zumeist sehr wenig, was die Bauern im Himalaya geben können.

Wer diesen Weg als *Jhankri* geht, hat Kraft, er kann heilen. Er hat keinen finanziellen Vorteil.

Sieht man allerdings die materielle Armut, wünscht man ihnen Mittel.

Doch beginnt das Geld zu große Bedeutung zu erlangen, dann fangen Menschen an, sich zu verändern. Die Reicheren, die aus anderen Ländern zu den *Jhankris* kommen, könnten versucht sein, sich Freundschaft und Gunst zu erkaufen, um der Heilung besonders nahe zu sein, die sie sich auf diesem Wege erhoffen.

Die gerechte Verteilung von Ressourcen muss selbstverständlich geregelt werden.

Es ist eine gesellschaftliche Frage, die alle betrifft.

Leider ist das in der Realität nicht so.

Die Menschen sind gerade nach den immer wieder stattfindenden Naturkatastrophen auf private Spenden angewiesen.

Die Zeit ist schnell vergangen. Durch das Schreiben habe ich vergessen, mir ein Mittag zuzubereiten und koche mir einen Tee. Es wird jetzt schon am Nachmittag dunkel und ich hole das Wasser, welches ich heute noch brauchen werde, vom Fluss und schaue noch einmal vor die Tür, um eine Mentholzigarette zu rauchen. Ich denke kurz an einen Abend, an dem ein betrunkener polnischer Mann aus dem Dorf mit Marian bei uns einen Tee trinken kam. Er sah, dass ich Mentholzigaretten rauchte, und sagte: „Bei Frauen, die Mentholzigaretten rauchen, ist Ofen aus.“ Mehr deutsche Sätze sprach er dann nicht mehr.

Wir mussten lachen.

Ich werde mir eine Barszcz-Suppe kochen, die ich hier gerne esse. Sie wärmt und dann „ist Ofen an.“

Es ist schön, hier alleine im Haus die Ruhe zum Schreiben zu finden.

Schreiben zwingt mich zur Langsamkeit. Es sortiert die inneren Bilder.

Ich denke an meine Berliner Tätigkeit als Psychologin. Ein Mann kam zu mir und richtete die Bitte an mich, ihm zu helfen, mit dem Rauchen aufzuhören. Er betonte, dass es in seinem Leben sicher noch mehr Baustellen geben würde, aber im Moment ginge es ihm nur um das Rauchen. Ich bot ihm als Psychologin meine Hilfe an und bat ihn, einiges zu seiner Person fragen zu dürfen.

Es zeigte sich schnell, dass er das Leben als solches sehr nüchtern und freudlos betrachtete. Er hatte nicht vor, sich umzubringen, aber er hatte auch nicht mehr vor, sich am Leben zu erfreuen, er ließ es, so gut es ging, vorbeiziehen und nahm ein paar Happen zur Belohnung, wie zwischendurch einmal verreisen, einen Abend im Biergarten verbringen, fernsehen. Jede Anstrengung, das Leben nach seinen Vorstellungen zu gestalten, hatte er schon unternommen, wie er betreten berichtete. Er konnte keine

Befriedigung empfinden. Es fehlte ihm schlichtweg die Motivation, sich für sein eigenes Dasein weiter zu engagieren. Er hatte einen Job in der IT-Branche, den er nicht mochte, der ihn aber ernährte, er lebte mit einem Partner zusammen, der die gleichen Werte teilte, wie er es bezeichnete, den er aber nicht liebte. Er war in den Jahren zuvor als Bildhauer tätig gewesen, doch hatte er keinen Gefallen mehr an diesem Schaffen gefunden. Er rauchte in dieser Schaffenszeit viel, saß nächtelang in Künstlerkneipen und war davon gesättigt. Ihm gefiel es in früheren Zeiten, laufen zu gehen, Leute zu treffen, Ausstellungen zu besuchen, Ausflüge in die Natur zu unternehmen, aber diese Beschäftigungen hatte er sozusagen hinter sich gebracht. Sie interessierten ihn nicht mehr. Er war satt vom Leben in der großen Stadt.

Er war nicht in der Lage, in einer Trance Bilder zu entwickeln.

Er wollte nur das über sich denken, was er mit Worten definieren konnte, nicht aber was aus seinem Inneren an Informationen kam.

Wie entstehen Bilder in einer Trance?

Eine Voraussetzung ist das Loslassen übermäßiger Kontrolle, indem man sich erlaubt, zu entspannen.

Das ist bei traumatisierten Patienten teilweise nur schwer oder auch gar nicht möglich.

Eine weitere Voraussetzung ist es, neugierig zu sein.

Eine weitere Voraussetzung ist das Vertrauen in den, der die Trance induziert, mitunter in sich selbst.

Eine weitere Voraussetzung ist es, sich entspannen zu können.

Eine weitere Voraussetzung ist es, dem Unbewussten Raum zu geben und damit seinen tiefliegenden Bedürfnissen eine Chance zu geben, sich zu zeigen.

Eine weitere Voraussetzung ist es, sich entdecken zu wollen.

Eine weitere Voraussetzung ist es, sich aushalten zu können, keine Angst davor zu haben, neue Impulse zu empfangen oder mit seinem bisherigen Wesen nicht zufrieden zu sein.

Eine weitere Voraussetzung ist es, zu akzeptieren, dass Veränderung geschieht, sobald wir Unbewusstes wahrnehmen.

Die Sprache des Unbewussten sind Bilder.

Die Lebenskunst besteht darin, innere Bilder wahrzunehmen, damit verbunden auch Bedürfnisse, Fähigkeiten und Talente, und den Mut und die Motivation zu haben, positive Visionen umzusetzen, sie in einer Gesellschaft umzusetzen, die massenweise Fremdbilder vorgibt.

Es ist eine Kunst, sein eigenes Leben zu gestalten, sodass es erfüllend ist.

Bilder nicht sehen zu wollen ist zumeist die Angst, im Umbruch zu scheitern.

Es ist das mangelnde Vertrauen in seine Fähigkeiten und Talente.

Es ist tiefgehende Unsicherheit.

Der Mann, der das Rauchen aufgeben wollte, lernte zunächst wie ein kleines Kind, das Leben wieder neu zu erkunden und Bilder zu entwickeln. Er tat dann einfach wieder Dinge, die ihn einmal erfreuten, nur, dass er nun, angeleitet, anders auf die Tätigkeiten schaute, auf die

Menschen, auf die Natur. Er nahm sie mit allen Sinnen wahr. Er lernte sozusagen durch ein feinsinniges Betrachten, Hören, Riechen, Schmecken und Fühlen, Situationen und Beziehungen anders zu empfinden. Er entwickelte nach und nach wieder die Fähigkeit, zu leben.

Das Rauchen brauchte er nicht mehr.

Sich oder andere intensiver zu betrachten, ist eine Kunst, die verändert.

Ich erinnere mich an eine kleine Geschichte.

Das Porträt

Lange hatte ich überlegt, ob ich den Vorschlag eines Malers annehmen sollte, mich von ihm porträtieren zu lassen. Er war ein Bekannter einer damaligen Freundin. Ich hatte ihn ansonsten nur flüchtig in Berlin durch die Straßen und Kneipen ziehen sehen. Er ist ein schlaksiger Mann, der sich gerade hält und Sommer wie Winter mit nackten Füßen durch die Straßen balanciert. Sein Haar ist verwildert, mit ungleichmäßig sprießendem Vollbart, seine Augen sind wach und offensichtlich graublau, der Blick durch seine knappe, eckige Brille ist je nach Situation eindringlich, mild oder besessen. Das Gesicht ist schmal, die Wangen eingefallen, was die Intensität des Blicks steigert. Er erfüllt optisch ganz das Klischee eines Bohème. Ich hätte mich ihm niemals ohne Grund angenähert, wären wir uns nicht auf einer Geburtstagsfeier auf dem Lande vorgestellt worden und hätte er nicht einige Freunde von mir gekannt. Er war etwas unheimlich.

Der Maler hatte nun ein Buch von mir gelesen, das

ich ihm während der Sommerfeier geschenkt hatte. Es gefiel ihm und ich weckte augenscheinlich seine Neugierde, sodass er mich fragte, ob ich ihn in seiner Wohnung aufsuchen würde, so könnte er mich als Gegenleistung malen. Aus meinem Unterbewussten meldete sich ein klares „nein", aber die Eitelkeit und eine Stimme, die mich mahnte, nicht spießig zu sein und diese spannende Idee aufzugreifen, ließen mich ein vages „ja" verlieren.

An einem Regentag betrat ich seine Altbauwohnung im Hinterhaus einer mir bekannten Straße. Stumpfe alte Holzdielen knarrten leise beim Eintreten, ein Geruch von Terpentin, Ölfarben, Rauch und Knoblauch verströmte sich. Ateliergeruch. Ein Blick in die Küche zeigte Reste eines Frühstücks und eine riesige Anzahl leerer Weinflaschen auf dem Boden. Er lächelte, kicherte einen leisen Bass in seinen Bart, begrüßte mich mit einem freudigen Händedruck und winkte mich in den einzigen, wenn auch nur knapp beheizten Raum, in dem Bilder von ihm an den Wänden hingen. Auf der Erde lag eine breite Matratze mit zerwühltem Bettzeug, dazwischen stand ein einfacher unlackierter Holztisch auf dem Bücher und Zeichnungen lagen und eine kleine Kerze leuchtete. Er hatte uns Tee bereitet und ich setzte mich auf einen Holzstuhl ihm gegenüber an den Tisch. Er gehörte zu den Leuten, bei denen man Worte abwägt, die man äußert, und so entstand eine längere Schweigepause, bevor ein Gespräch in Gang kam. Er musterte mich kauzig, aber freundlich, und fischte unter den Zeichnungen einen aufgeschlitzten Briefumschlag hervor, in dem er Fotografien seiner bisherigen Bilder aufbewahrte. Er zeigte mir eines nach dem anderen. Ich erfuhr von seinem früheren Malereistudium in Leipzig, über seine Reisen nach dem Mauerfall, oder war er ausgereist? Er hatte für seinem Lebensunterhalt fast alle Bilder auf Reisen verkauft oder verschenkt. Die Fotografien zeigten sehr interessante Werke, die von einem bemerkenswerten Talent und handwerklichem Können berichteten. So verschwand allmählich die Scheu vor seiner Person, die mir doch einen so zerbröselten Eindruck gemacht hatte. Mein Entschluss, mich porträtieren zu lassen, wurde so zum Wunsch. Die Atmosphäre lockerte sich auf. England, Frankreich, Australien – er war weit gereist. Gerne hörte ich den spannenden Erzählungen zu. Wasser, die Bedeutung von Wasser, würde man nur dort verstehen können, wo es an Wasser mangele, meinte er, und so wäre er in Australien an ebensolchen Stellen gewesen, hätte dort als Tagelöhner gearbeitet und so auf dem Lande mit den Einwohnern gelebt.

Wir einigten uns darauf, noch am selben Tag mit dem Malen zu beginnen. Ich musste mich nicht bei ihm vorstellen, denn mein Buch hatte ihm viele Geschichten verraten. Er meinte, er könne Menschen, die er einmal gesehen hätte, selbstverständlich aus der Erinnerung heraus respektabel zeichnen, aber es ginge ihm nicht um ein sogenanntes Porträt, welches an äußerlicher Ähnlichkeit gemessen würde, sondern er wolle *mich* malen, also ein Stück Seele erfassen. Er stellte einen Holzstuhl mit runder Sitzlehne in den Raum und legte Fell darauf, damit es nicht zu kalt würde, wenn ich darauf säße. Nun sollte ich mich ausziehen und Platz nehmen. Ich wurde sicher blass mit anschließend aufsteigender Röte und war verwirrt. Ich dachte an ein Porträt, natürlich angezogen und zügig gemalt, eben als Austauschgeschenk zum Buch. So überlegte ich ein zweites Mal, ob ich mich nicht lieber verabschieden sollte. Aber für ihn schien diese Aufforderung, die Sachen abzulegen, so selbstverständlich, dass ich mir verklemmt vorgekommen wäre, es nicht zu tun. Ich hatte bereits öfter für Freundinnen und auch für Maler an der Kunsthochschule Modell gestanden, um finanziell über die Runden zu kommen. Doch diese Aufforderung war privater, das Anliegen keine Studentenarbeit. Ich zog meine Sachen aus und setzte mich auf einen Stuhl. Ich saß recht zusammengezogen auf diesem Hocker, etwas verstockt und leicht fröstelnd. Er betrachtete mich vom Tisch aus und ich hatte das Gefühl, als suche er Farben auf und um meinen Körper. Nach einer Weile meinte er, so zusammengekauert könne er mich nicht malen. Ich müsse lockerer sein. Die Worte erbosten mich sehr. Er sollte gefälligst malen und mir nichts vorschreiben. So sah es der Meister nicht. Sein Gesichtsausdruck veränderte sich, einer Regenwolke gleichend, sein Blick kroch in ihn, sein Körper war gestrafft von leichtem Zorn. Er meinte, ich solle zum Tisch kommen und noch einen Tee trinken, etwas im Raum umherlaufen und entspannter sein. Er steigerte meine Antipathie zu einer innerlichen Aggression. Was bildete sich dieser Mann ein? Als Maler bekam er regelrecht despotische Züge und wollte befehlen. Mir fiel jetzt ein Selbstportrait von ihm an der Wand auf, das erschien wie eine Selbstdarstellung als Gekreuzigter mit verbissenem, selbstherrlichem Lächeln. Ich wollte mir aber nicht befehlen lassen, von niemanden. Obwohl es mir widerstrebte, ging ich nun nackt und so aufrecht und locker wie möglich zum Tisch und drehte mir aus seinem Tabak eine Zigarette. Diese paar Meter war es mir, als würde alles Fleisch an mir mehr wippen als sonst, es hatte etwas Abstoßendes, aber auch Erotisierendes und Lustiges zugleich, diesem Mann tatsächlich zu gehorchen, damit er malen konnte. Er zeigte mir eine alte, gebrauchte Leinwand, die er gefunden hatte und übermalen wollte, da er es liebte, wenn bereits vorhandene alte Motive durchschienen und so Stimmungen erzeugten. Zu sehen war eine tiefblaue Stadt. Er fand dies passend. Ich wurde ruhig, nachdem die Nacktheit eine Weile anhielt, und es wurde mir immer mehr egal, so herumzulaufen. Ich hatte sogar eine Art Weiblichkeit, Weichheit dazugewonnen, die ansonsten unter Verschluss war, im immer pragmatischen, täglichen Treiben. Jetzt wollte ich mein Bild. Ich begab mich wieder auf meinen Stuhl und er befestigte die Leinwand mit ein paar Nägeln an der Wand. Dann begann er, mit einem relativ breiten Pinsel das Gesicht entstehen zu lassen und das so gekonnt, dass es mich sprachlos machte. Es entstand ein Gesamtgefühl-Bild, alles zerfloss und verwebte sich im Raum zum nächsten Strich. Er traf meine Farben, wie ich mich empfand, und es kamen noch unbekannte Nuancen dazu.

Unser Streitgespräch darüber, nackt, halbnackt oder angezogen zu malen, hatte uns fast anschreien lassen. Nun löste sich die Spannung etwas auf. Die Art, wie er mich ansah, hatte nichts Voyeuristisches. Er schien ganz in der Absicht versunken, mich zu erfassen, und ich schaute gespannt zu. War ich vor Minuten noch ganz Vorsicht, ganz Raubtier, war ich jetzt warmherzige Betrachterin. Nachdem die Gesichtskonturen im Groben fertig waren, setzte er sich hin und rauchte, betrachtete mich, ging zurück und malte angedeutet Rumpf und Arme. Bisher entsprach es meinen Vorstellungen über mich, wenngleich alles noch schattenartig war. Ein Maler könnte ein Selbstkonzept zum Einstürzen bringen, wenn er wollte oder erwischt. Bisher war das nicht geschehen und es freute mich, denn ich wusste, er war ein genauer Betrachter. Im Gegenteil, das Gemalte zeigte mich bisher auf eine fast magische Art, ein Spiel mit Licht und Farbe, mit Traurigkeit, Verlorenheit, Hoffnung und Präsenz. Es war mir nicht abträglich. Wieder trank er Tee, und in diesen Pausen, aber auch manchmal beim Malen, verwickelte er mich in Gespräche über Bücher und philosophische Grübeleien, auch in Frage-Antwort-Dialoge. Er forschte jeder Farbe und jedem Kontrast hinterher. Das Bild veränderte so den Ausdruck immer wieder.

Eine knifflige Frage, die ich heute nicht mehr in Erinnerung rufen könnte, hatte ich seiner Meinung nach unehrlich beantwortet, ich hätte mich um eine klare Aussage gedrückt. Er saß daraufhin unruhig und angespannt auf seinem Stuhl, dann sprang er auf und malte meine Arme immer wieder in anderen Positionen, so dass ich fünfarmig und etwas schief war. Er meinte, ich hätte das Bild so verändert, und für heute wäre Schluss. Er war regelrecht erzürnt, doch meine Wahrheit entsprach einfach nicht seiner. Ich amüsierte mich, da das Bild immer kurioser und interessanter wurde und ich nichts dagegen hatte, magischer zu wirken, so lange es nicht abstoßend war. War ich doch in Mecklenburg mit vielen mystischen Geschichten groß geworden. Über meiner Stuhllehne hing ein Bademantel. Ich musste, um auf die Toilette zu kommen, über den Außenflur. So ließ ich ihn etwas pikiert Tee trinken und versuchte, im Bademantel ungesehen über den Flur zu huschen. Aber in diesem Moment öffnete ein junger Mann, sein Nachbar, die gegenüberliegende Tür. Ich zog den Bademantel enger um die Hüften und grüßte etwas geniert, aber lächelnd. Er lächelte bedeutsam zurück, so ein „Aha"-Lächeln, was mich missmutig stimmte, aber dann auch egal war. Zurück konnte ich nun gelassen trotten, denn nun gehörte ich ja auf eine Art zum Haus. Für heute wollte der Meister nicht weitermalen. Ich sei zu verstockt und auch unehrlich gewesen und ich sollte mir merken, dass so etwas nicht ginge, ansonsten würden die Linien schief, wie ich sehe könnte, und das hätte ich mir selbst zuzuschreiben.

Ich zog mich langsam und gelassen an. Wir tranken noch einen Tee und sprachen über verschiedene Dinge.

Ich fuhr mit dem Fahrrad nach Hause, dachte noch lange über diesen Tag nach, über Malerei, die Entstehung eines Bildes. Ich hatte nie jemanden so intensiv malen sehen und er hatte ein kleines Stück von mir auf die Leinwand gebracht. Auch ich hatte während des Modellstehens ein Bild entwickelt. Die Bilder hätten sich weiterentwickeln können, doch die Dialoge wurden schwächer, wie in einem Nebel lösten sie sich dann auf. Jeder war wieder ganz in seiner Welt. So blieb mein Bild, das er mir schenken wollte, im Entstehen und ich ging weiter, mit dem wundervollen Blau als Untergrund, mit den vielen Armen, den unpassenden Antworten, mit mehr Empfinden für den Körper und mit der Klarheit, die sich ergeben hatte, dass ich sein kann, wer ich will.

DAS FÜNFTE HAUS – PERSÖNLICHKEIT

Welche Häuser und welche Orte ich aufsuche, um darin zu wohnen oder mich zu erholen, hängt in bedeutendem Maße, wie bei jedem Menschen, auch mit der Persönlichkeit zusammen. Es gibt Allesfresser, genauso wie Alleswohner. Ich mag die anregende Atmosphäre und auch die Gemütlichkeit einer Altbau-Stadtwohnung. Ich habe immer das Gefühl, diese Häuser wurden noch mit Seele gebaut, mit Liebe zum Detail, haben etwas Besonderes. Drumherum Leben, der Spielplatz, die „Rumbalotte“ (eine Kneipe als Künstlertreff), verschiedene Kinos, die Volksbühne, die Kiezkantine, das italienische Restaurant, dass sich mit gleichbleibend guter Küche schon lange hält und deren Besitzer mit einem Lächeln grüßt. Doch ist da auch immer die Sehnsucht zur Natur, und am liebsten bin ich dann in der Räuberhütte, in der Berghütte in Polen. Die Kraft der Natur erdet mich. Ich hole das Wasser, das ich benötige, aus dem Fluss, der eigentlich auch die Energie für die Elektrik geben könnte. Ich fühle mich geborgen, wenn ich am kanadischen Holzfällerofen sitze, und es genügt ein Schritt an die wundervolle Luft, um mich frei zu fühlen. Mich umgeben Tiere, Insekten, Pflanzen, die mich faszinieren. Da hier niemand in der Gegend wohnt, die Lichter der Menschen fehlen, ist in der Nacht oft ein beeindruckender Sternenhimmel zu sehen. Ich liebe diesen Ort und seine Kraft, die er gibt.

Man könnte auch sagen: „Ein Stadt-Luxus-Fasten macht froh.“

Viele halten den Überfluss in den Stadtwohnungen für Luxus. Aber eigentlich ist der wirkliche Reichtum ein frischer Quell in intakter Natur, gute Luft und ein guter Platz auf einer Wiese, von der Sonne gewärmt.

In der Stadt ist das Leben funktioneller und zieht schneller vorbei.

Jeder Ort hat, wie gesagt, seinen Geist, eben auch Stadtwohnungen. Eine Wohnung, in der ich einige Jahre zubrachte, lag im düsteren Hinterhaus. Die unteren Parterre-Räume des Hauses waren nicht vermietet, da sie baufällig waren. Ab der ersten Etage aber bewohnten dieses Haus Mieter. Es schien eine gute bezahlbare Wohnung zu sein, die ich dort sozusagen durch Zufall bekommen hatte. Sie bestand aus zwei Zimmern, einer originellen Küche mit Badewanne und einer großen Dachterrasse. Eine Frau, die vor dem Mauerfall in den Westen geflüchtet war, hatte die Wohnung hinterlassen. Es war, wenn auch ungünstig gelegen, scheinbar eine Altbauwohnung mit Charme. Einige Mitbewohner des Hauses waren sehr freundlich, wir verstanden uns gut. Unter mir wohnte ein Paar mit zwei Kindern. Ein Kind hatte eine schwere Behinderung. Wir unterhielten uns oft. Sie waren warmherzig und hilfsbereit. Selbst der Angorakater der Familie hatte etwas Besonderes an sich, eine Aufgabe, die er selbst gewählt hatte, denn er bewachte das behinderte Kind.

Mir gegenüber wohnten Russen, die immer irgendetwas heimlich in Säcken in die Wohnung trugen. Die Russen vertrauten mir in Punkto Geheimhaltung und ich stand unter ihrem Schutz. Doch in dem Haus herrschte, wie ich nach und nach merkte, auch ein negativer Geist. Einbrüche passierten, Krankheiten kamen oft, und die Nachbarn aus dem Vorderhaus waren garstige Menschen. Saß ich auf der Dachterrasse, holte der Nachbar die Polizei, weil es anscheinend nicht erlaubt war, darauf zu sitzen und der Neid ihn gehässig machte. Aus der oberen Etage schoss dann und wann ein desertierter Bundeswehrsoldat mit seiner Waffe nach uns, neben uns (ich dachte mit Platzpatronen, was nicht der Fall war). Er ballerte mit scharfer Munition umher und wurde dann durch ein Sondereinsatzkommando entmietet. Der reichere Architekt, der einzog, ließ einen wunderbaren großen Baum im Hinterhof fällen, das einzige Grün. Dann brannte es im Haus. Die zerberstenden Scheiben flogen durch den Hinterhof. Der Russe schrie wiederholt: Hilfe, Hilfe!", da er das Wort Feuer nicht kannte. Er wollte mit einem kleinen Feuerlöscher in die Flammen laufen und sehen, ob Menschen in Gefahr waren. Ich hielt ihn von diesem lebensgefährlichen Unterfangen ab. Alle konnten sich retten und die Einsatzkräfte durchsuchten jeden Winkel. Ein viertel Jahr später überschwemmte das gesamte Haus, weil ein Rohr brach. In meinen Kinderwagen legten Vorderhausbewohner ständig Steine hinein.

Hier zu wohnen brachte Unheil. Ich zog aus. Die Nachmieter waren sympathische Menschen. Ich warnte sie davor, hier einzuziehen, doch sie meinten, wenn alles schön gestaltet sein würde in den Räumen, hell und angenehm, dann wäre alles ganz anders. Nach einem halben Jahr, zogen sie wieder aus, da sie selber merkten, dass hier nur Unheil passierte.

Ein Zuhause sollte also aufmerksam gewählt sein.

In den edelsanierten Stadtvierteln am Prenzlauer Berg verschwindet ebenfalls der gute Geist. Es werden edle Aufbewahrungsanstalten für Leute mit Geld herausgeputzt. Diese reichen Neubewohner überfallen ein Gebiet wie Heuschrecken, ohne sich einzufühlen. Ihre Kinder spielen auf überfüllten Spielplätzen, und die fein gedressten Eltern tauschen ihre Erfolgserlebnisse aus, ihre beruflichen Wichtigkeiten, und hinterlassen ihren Müll achtlos auf den Plätzen. Am Morgen sind alle Behälter mit ihrem Wohlstandsmüll extrem überfüllt, vieles liegt achtlos weggeworfen auf dem Spielplatz und die Krähen reißen die Schachteln und Essensreste aus den Papierkörben und fressen den Abfall. Die gut bezahlten Leute von der Müllabfuhr reinigen alles für das nächste große Treffen der sich fortpflanzenden Erfolgreichen, die nicht in der Lage sind, selbst ihren Dreck wegzuräumen, wenn er überquillt. Sie haben eine Anspruchshaltung auf Hinterhersäuberung. Sie sind in ihrer Wahrnehmung beschränkt. Sie sehen nur sich oder das, was sie dafür halten. Sie übersehen einfach ihren Dreck in der hier sowieso spärlichen Natur. Haben sie alles zugemüllt und sich geistig entleert, gehen sie in ihre sterilen Eigentumswohnungen, in die sie ihre Gäste zum Edelessen einladen und über oberflächliche Dinge Geschwätz halten. Sie machen Politik.

Sie haben gute Anwälte. Sie haben ihre TV-Moderatoren, Fernsehsendungen und ihre Stars, die ihre Art, zu leben, gutheißen, ja ihnen fiktiv vorgelebt haben.

Sie leben ihre manipulierten Bedürfnisse aus. So entwickelt sich eine entseelte Spezies von designten Oberflächenmenschen.

Dieser Menschenschlag braucht Prestige. Er muss sich und seiner Umwelt etwas beweisen: dass „er es geschafft“ hat.

Ich dachte, dass diese Art Persönlichkeitsrückentwicklung an Polen, gerade hier, in diesem Dorf, vorbeigehen würde, da die Leute hier ihrer Mentalität entsprechend eher als Freigeister bekannt sind. Doch mit den höheren Löhnen einiger Leute, die ihr Geld außerhalb der Heimat erwirtschaften oder Geschäftchen machen können, kommt der Neid, kommt die Gier, die Sehnsucht, so auszusehen und sich so zu verhalten, wie die Menschen in TV-Sendungen. Es ist das soziale Bedürfnis nach Anpassung. Nicht mithalten zu können mit den vorgezeigten Erfolgskonzepten erzeugt Angst. Angst liegt dem Repräsentieren zu Grunde. Das oberflächlicher werdende Leben, das Kontrollieren und Überwachen, das Neiden und das gegenseitige Anzeigen oder Beschimpfen gehören dazu. Es gibt keine Barrieren für die Verseuchung des menschlichen Geistes durch Geld. Es halten langsam aber sicher Einzug: die Gier, die Anspruchshaltung, das fehlende Mitgefühl und damit auch ganz selbstverständlich die Angst.

Prunkbauten entstehen nach und nach zwischen den Hütten. Besitz wird für andere unzugänglich eingezäunt.

Unzufriedenheit macht sich mit dem viel Haben breit, Missgunst und Misstrauen.

Es ist den Menschen nicht bewusst, dass sie sich nach und nach von sich selbst entfremden.

Es ist bereits eine Abspaltung, ähnlich wie in Deutschland.

Der Zusammenhang von geistiger Manipulation und dem Überanspruch bezogen auf materielle Dinge wird nicht mehr wahrgenommen, nicht mehr bewusst.

Eine vollständige dissoziative Störung.

Geistige Wohlstandslähmung.

Der fälschlicherweise für ein Alphatier gehaltene Reiche setzt sich durch.

Doch was könnte uns wieder sehen lassen, uns herausholen aus dieser Dissoziation, aus dieser Abspaltung von uns selbst?

Das Überleben geschieht nur durch das Zusammenspiel mit der Natur und durch Mitgefühl anderen Menschen gegenüber. Wir sind für uns verantwortlich. Wir benötigen keine bezahlten Aufpasser und Wegräumer.

Die Angst schont oder meidet uns auf Dauer nur, wenn wir im Fluss sind, uns geschmeidig Wege schaffen inmitten von Natur.

Der Natur sollten wir uns anpassen.
Unserer Natur sollten wir uns anpassen.
Mutter Erde.
Diese trägt und nährt unsere Persönlichkeit.

Politikbrummer

Herr Frankmann meinte, er hätte einen Politikbrummer im Kopf. Der Brummer bewohne den Hinterkopf – ganz unten, so beschrieb er es. Damit begründete er seine ständige immense Unruhe, seinen Lebensunmut, seine zu großen Aggressionen. Es wäre tatsächlich wie ein Brummen in tiefen Frequenzen, unaufhörlich. In jedem Moment sei ihm bewusst, dass die Menschen von Politikern betrogen würden. Der Brummer erreichte seine volle Größe nach dem Lesen des Buches „Die Jahrhundertlüge“[6]. Der Politikbrummer zerfraß sein Gemüt und er bekam Panikattacken, er trank zu viel Alkohol, er stritt sich mit seiner Familie, er mochte als Tischler nicht mehr arbeiten und vollführte alle Tätigkeiten lustlos. Nur Klagen beruhigte ihn einen Moment lang, und das wiederum stärkte den Brummer, sodass dieser erhebliche Ausmaße annahm und im Kopf einen Druck erzeugte. Der Brummer fraß seine negativen Gedanken und seine Emotionen. Er ernährte sich davon. Je destruktiver Herr Frankmann dachte und desto hilfloser er sich in einer durchweg manipulierten Welt vorkam, umso größer und lauter wurde der Brummer. Manchmal meinte er, dass andere Menschen das Brummen hören müssten, und er zog sich zurück.

Doch wenn er nachdachte, war der Rückzug eigentlich nicht nötig, denn Herr Frankmann kam sich selbst sowieso ungesehen vor. Er lebte mit seiner Frau und einem Sohn. Doch sie ließen in sich keinen Raum, damit er einfließen konnte. Sie waren von anderen Gedanken ausgefüllt, bewohnt. Er machte sich bemerkbar, er wollte wahrgenommen werden. Doch die beiden waren änderungsresistent, wie er es beschrieb. So verbrachte Herr Frankmann seine Zeit zwischen Menschen, die vor Ort waren, aber ihn nicht annahmen.

Er spürte dieses Verlassensein, aber wie sollte er das ausdrücken?

Sie waren doch alle für ihn da – täglich vor Ort.

Sie würden ihn sonderlich finden, wenn er ihnen mitteilen würde, dass er sich ungesehen fühle.

Der Politikbrummer aber war da und er gab diesem Raum.

Er ließ alle Aggressionen in ihn einfließen.

Das Hintergrundrauschen, was der Brummer erzeugte, gab Herr Frankmann auf einer Skala von null bis 100 mit 120 an. Die Energie sei vergleichbar mit einem Düsenantrieb.

Herr Frankmann war ausgefüllt von diesem Gefühl.

Herr Frankmann bekam die Aufgabe, seine Augen zu schließen und sich treiben zu lassen. Dieses Loslassen vom Gedankenstrom hatte er erst erlernen müssen. Er war dann frei. Er suchte den Brummer in sich auf und beschrieb ihn. Das Gesicht des Brummers war schwarz-weiß geschminkt. Ansonsten hatte er eine unnatürliche lila-bläuliche Färbung, wie ein Insekt aus einer anderen Welt. Die Augen guckten heraus. Sie guckten hinterlistig. Der Brummer wohnte im Dunklen. Die Luft war abgestanden und es roch nach Moder.

Herr Frankmann selber wurde nun zum Brummer. Er beantwortete Fragen, die er dem Brummer vorher selbst laut gestellt hatte: „Was willst Du von mir?"

Der Brummer antwortete: „Ich will, dass du stirbst."

„Was aber brauchst du von mir wirklich?"

Die Antwort hieß: „Licht".

„Was würdest du fühlen, wenn du bekommst, was du brauchst?"

Der Brummer sagte: „Leichtigkeit und Ruhe."

Die Art, ihn solche innerlichen Reisen ausführen zu lassen, tat ich nach den von Tsültrim Alleone beschriebenen Chöd-Übungen[7]. Es ging darum, Dämonen in Energie zu verwandeln.

Folgerichtig ließ Herr Frankmann entsprechend der Übungsvorgaben seinen Körper zu einem Nektar aus Licht und Ruhe zerfließen, sodass sich der Brummer daran sättigen konnte. Sein Geist nahm die Szene beobachtend wahr.

Ein Lächeln kam nach und nach auf Herrn Frankmanns Gesicht. Er beschrieb, dass der Brummer ganz gierig den grün leuchtenden, geleeartigen Nektar aus Licht und Ruhe aufleckte und sich zufrieden verwandelte. Er wurde erst einmal zu einem pelzigen, weichen Nagetier, dann bekamen das Gesicht und der Körper ganz allmählich menschliche Züge und wurde dann sogar zu einem Priester, der einen Hut auf dem Kopf trug und erhaben und zufrieden leuchtete.

Herr Frankmann hatte dieses Gefühl, hatte diese Bilder und Empfindungen aufgenommen.

Er berichtete beim nächsten Treffen voller Überraschung und mit viel Energie und Vitalität, dass er den Brummer erstaunlicherweise losgeworden sei.

Sein innerlicher Raum war frei geworden.

Und er begann, sich ins Licht zu stellen, bereitete eine Ausstellung mit seinen Fotografien vor.

Er wurde sichtbar.

Er wurde wahrgenommen.

Wie ich bereits geschrieben habe, besteht unsere Persönlichkeit aus verschiedenen Anteilen, in der Psychologie mitunter als Ego-States benannt.

Da wir zusätzlich in unterschiedlichen Rollen leben, z. B. als Mutter, als Vater, als Frau, als Mann, als Geliebte, als Geliebter, in der Berufswelt, in Vereinen und in vielen anderen Gemeinschaftsformen, sind die Ego-States rollengebunden.

So jedenfalls nehme ich es oft wahr, wenn ich Patienten behandle. Sie passen sich an die jeweiligen Rollen an. Manche werden Patienten durch Überanpassung.

Unabhängig von den jeweiligen Rollen hat jeder Mensch bestimmte, recht stabile Eigenschaften, wie die Intelligenz, die Freundlichkeit, die Liebesfähigkeit, die Empathie, das Vermögen, Freude zu empfinden, aber auch die Ängstlichkeit, den Neid und andere sogenannte Licht- und Schattenseiten. Arbeiten diese Ich-Anteile nicht harmonisch zusammen oder werden sie schlichtweg Handlanger für das Erfüllen von Rollenerwartungen, dann ist die Persönlichkeit gestört.

Sind unsere Persönlichkeitsanteile ausgewogen, kennen wir unsere wahren Bedürfnisse und unsere Natur, dann sind wir in Balance. Es ist die eigentlich angeborene Persönlichkeit mit Mut, Vitalität und Lebensfreude. Diese Persönlichkeit ist es, die angegriffen wird, wenn die exzessive Anpassung an ein Gesellschaftssystem ihren Grundzügen widerspricht.

Dann werden wir von unserem Selbst abgespalten. Ich darf nicht sein, wer ich bin, ich habe das Gefühl keine Wahlfreiheit zu haben.

Medien schüren Existenzängste, um mitfühlende Menschen zu verhindern, um Mitgefühl auch gerade mit sich zu verhindern. Das Resultat: Angst kommt auf, Depressionen stellen sich ein, psychosomatische Leiden oder andere psychische Störungen sind häufig.

Diese quälenden Nöte erst zwingen den Menschen dann in positiver Weise, Rollen aufzugeben und nachzudenken. Über diesen Zustand, nicht mehr weitermachen zu können, ist der Mensch erst einmal tief erschüttert.

Viele nutzen diese Chance nicht, tiefer zu empfinden. Sie werden in Therapien dafür fit gemacht, einfach wieder zu funktionieren. Sie ruhen nur kurze Zeit aus. Manche überleben diesen Zustand auch nicht oder sehen keinen Ausweg und bringen sich selbst um.

Doch wenn ein Mensch sich nun die Zeit nimmt, sich kennenzulernen, kann er lernen, zu leben.

Ich hörte einmal den Satz: „Die Persönlichkeit ist

wie der Himmel. Es können Wolken vorbeiziehen oder kraftvolle Gewitter. Den Himmel aber kann man nicht beschmutzen."

Unserer ursprünglichen Persönlichkeit und menschlichen Orientierung als soziales Wesen entsprechend, können wir uns dann ins Leben einbringen. Wir wählen die Aufgaben danach aus, wer wir sind, was wir mitbringen an Bedürfnissen und Fähigkeiten. Doch Fähigkeiten alleine reichen nicht aus. Zeigen wir nur diese vor, bleibt das Leben oft nur eine Rechtfertigung unserer Person, eine vorgezeigte Fahrkarte unserer Dazugehörigkeit.

Das in sich Hineinhorchen, wirkliche Bedürfnisse wahrnehmen und leben, lässt uns erkennen, welche Aufgabe wir im Leben haben. Wir beginnen, auf Wegen zu gehen, die nicht durch Massen ausgetreten sind, wir beschreiten unseren Lebensweg.

Unsere erlernten Verhaltensschemata, die nicht reflektiert und überprüft wurden, führen uns auf eine geistige Autobahn. Wir rasen durch das Leben und tun das, was auf den Schildern steht. Wenn wir es lernen, bewusst diese Autobahn zu verlassen, dann entdecken wir auch andere Straßen, Wege, Seen, prächtige Gebiete und Ausflugsziele. Das ist nicht identisch mit dem Gefühl, sehr alternativ zu sein. Auch ein sogenannter Anarchist kann auf einer Autobahn im Kreis rasen.

Wir können erkennen und loslassen lernen, was nicht zu uns gehört.

In sich zu lauschen und das wahrzunehmen ist entängstigend.

Es braucht Zeit. Wir geben uns selbst das Recht und die Zeit auf uns zu achten. Die Angst muss uns nicht mehr zwingen. Wir können der Angst frei geben, uns ab und an mit ihr austauschen und sie für den wirklich sinnvollen, manchmal erforderlichen Schutz unserer Person als Partner begrüßen. Vorsicht statt Angst.

Die Entwicklung der Persönlichkeit ist eine Lebensaufgabe.

Es bleibt nicht nur die Auseinandersetzung mit einem uns umgebenden Gesellschaftssystem, sondern in erster Linie auch mit uns selbst. Denn die Dämonen, die uns bedrängen, wie die Angst, der Neid, die Eifersucht, der Perfektionismus, die Aggression, bleiben zumeist auch über Gesellschaftssysteme hinweg stabil. Wir haben Schemata von Handlungs- und Reaktionsweisen erlernt, denen wir folgen, wie eben einer Autobahn. Wir können uns aber durchaus auf den Weg machen zu wunderschönen Gegenden, gemeinsam.

Pema Chödrön: „Wir brauchen unseren Worten nicht länger Glauben zu schenken.“[8]

Marian geht die Zäune für die Pferde und Kühe ausbessern. Sie laufen ihm regelmäßig davon, da er für gute Absperrungen zu wenig Geld hat. Wir tranken Tee. Der Ofen summte.

Ich war wieder alleine und wollte schreiben. Es ging nicht von der Hand, alles Metaebene, alles Gedanken über Gedanken. Es tat jetzt gut, den Raum zu verlassen. Ein Gang vor die Tür. Die frische Luft erinnerte mich an die Lebendigkeit jeder Erfahrung.

Die Sonne war milchig mild und schien durch das Geäst. Ich ging ein Stück und war erfrischt und wollte meine eigenen Ego-States einladen, in eine Entspannung zu gehen und schauen, wer sich zeigt.

Ich schloss das Haus auf. Die warme Luft des Holzfeuers tat gut, war angenehm. Ich kochte mir Tee. Es gibt kein harmonisches Zusammenleben, ohne mit sich im Reinen zu sein.

Wenn wir mit uns selbst zufrieden sind, dann finden sich nur die Ängste, die uns beschützen.

Wir sind dann auch, was Partnerschaften betrifft, im Prinzip von irrationalen Ängsten unabhängig und können mit dem Menschen leben, den wir lieben und nicht mit dem, den wir brauchen. Dann relativieren sich auch solche Sätze, die davon berichten, dass das Glück im Leben eben nur sehr kurze Momente seien. Es ist nur ein Satz, den ich so an diesem Ort, alleine, nicht verspürte. Ich fühlte mich leicht und ausgeglichen, glücklich, weil ich zu mir kam.

Das heißt dann auch: gut mit anderen in Kontakt zu kommen. Es gibt nicht nur einzelne, kurze Momente des Glücks. Es ist ein gerne ausgesprochener Satz von denen, die oberflächlich leben und von einer Freude bringenden Situation zur anderen leben, oder besser, diese auf ihrem Dahinleben abfassen.

Ich öffnete die Fenster, um frische feuchte Luft hereinzulassen, und rauchte eine Zigarette vor dem Haus. Nur ein Pferd schnaubte, was gut tat. Ich schnaubte zurück.

Ich sehnte mich nach der Liebe des Mannes, den ich immer noch begehrte.

Zur Liebe kann ich erst finden, wenn ich wirklich da bin, wenn ich gelassen bin, wenn ich mich begreife.

Dann wird sie da sein.

Es ist eigentlich einfach, seine Ich-Anteile einzuladen, vorausgesetzt, es gibt einen ruhigen Ort und Zeit ganz für sich alleine. Diese habe ich. Ich mache es mir bequem und schließe die Augen. Ich atme in einem mir angenehmen Rhythmus, ganz ruhig, und entspanne alle Muskeln und damit den Geist und lasse mich treiben. Außenreize blenden sich nach und nach aus, Leichtigkeit darf kommen. Ich lasse alle Gedanken davonziehen, die ich nicht brauche. Sie treiben zu einem wunderbaren Horizont. Ich betrete in der Trance den Raum der Farben und Phantasien. Ich begebe mich im Geist an einen angenehmen Ort, der sich von selbst ergibt.

Ganz allmählich entstehen Bilder und ich nehme sie gerne wahr.

Ich lasse mich treiben.

Mein Ort ist die Wiese hinter der großen Linde hier in *Gajuka*. Eine Lichtung. Der Quellfluss an der linken Seite, dahinter ein Wiesenhang. Vor mir liegt der Berg und Wald, rechts Büsche, Brombeeren und Wildblumen. Es ist Sommer an diesem Ort. Der Himmel ist weit und blau mit vorbeiziehenden Wolken. Schiefersteine und vereinzelte Feldsteine liegen auf der Lichtung. Zuerst zeigt sich sofort die „Lebensfreude", die von der Bergwiese aus dem Wald kommt. Ein ungestümes junges Mädchen mit eindrucksvollen Augen, die mehrfarbig sind, doch vorwiegend grünblau. Sie kommt fröhlich zur Lichtung, leichtfüßig tanzend. Ihr folgt, ebenfalls aus dem Wald kommend, die „Beschwerte", eine junge, verwilderte Frau. Sie erscheint geschafft und gedemütigt und zieht einen schweren Holzstamm aus Nadelgehölz hinter sich her. Sie zieht diesen Stamm in einer Art sinnloser, schwerer Tätigkeit an einer Kette zur Lichtung. Es erscheint eine ältere, eindrucksvolle Frau, die „Weisheit". Sie trägt einen wundervollen Umhang und ihre Augen sind gütig und strahlend und gleichen von der Farbe denen der „Lebensfreude". Aus dem Wald kommt eine Jägerin mit einem erlegten Reh. Sie bringt Beute, Nahrung.

Auf einem Baumstumpf sitzt die „Nachdenkliche". Sie ist in meinem Alter und sieht manchmal fröhlich aus und dann wieder versinkt sie in melancholisches Nachdenken, erscheint sehr traurig. Es strengt sie an, zu viel zu denken. Rechts auf der Lichtung, in der Nähe der Büsche, erscheinen drei „Beobachter", die das Kommen der Ich-Anteile verfolgen. Sie würden am liebsten sofort loslaufen und es anderen Leuten erzählen, was hier geschieht, denn sie neigen dazu alles auszuplaudern. Doch ist das ganze Szenario so spannend, dass sie vielleicht das erste Mal in ihrem Leben einfach abwarten. Ebenfalls rechts, am Rande, erscheint der „Spieler", ein männlicher Anteil meiner Person. Er kokettiert, er schmeichelt, er verführt, er spielt mit Gefühlen anderer zur eigenen Selbstbestätigung. Zum Treffen erscheint langsam die „Kranke", die Hypochonderin mit Bauchschmerzen und schlimmsten Vermutungen über diese Schmerzen.

Es ist warm, es weht ein angenehm leichter Windzug und es riecht nach Waldpflanzen und Beeren. Eine „Hexe" sitzt im Baumwipfel und gehört ebenfalls dazu. In der Luft ziehen Bussarde ihre Runden, die einen umfassenden Blick haben und alles bewachen, so wie es auch die weise Frau tut. Die „Hexe" hätte gerne diese Aufgabe, fühlt sich missachtet und versucht deshalb, das Treffen zu vereiteln, besinnt sich aber und gibt Ruhe. Sie bleibt auf ihrer Tanne. Ist die Hexe der Neid? Auch mehrere Zwerge – „die Zweifel“ – sind vor Ort. Es sind lustige Wesen, die vor sich hin murmeln und stets alles verweigern wollen, wenn man etwas von ihnen möchte. Doch Positives unterstützen sie am Ende gerne und mit viel Herz. Sie haben eine heilsame Kraft.

Der „Väterliche“ erscheint. Ein Bestimmer möchte er sein, der meint, zu wissen, was für mich gut ist und damit zu beschützen glaubt. Die Weisheit lächelt ihm milde zu. Er nimmt sich zurück, bleibt aber stehen, falls Hilfe gebraucht wird, denn er ist stets besorgt. Die „Liebe“, die ich fast vermisste, kommt dazu als etwas kitschige, aber schöne Frau mit langen dunklen Haaren, die sie kämmt.

Es ist ein Sammelsurium wilder Ich-Anteile, von denen fast keiner auf den anderen achtet, außer der „Weisheit“, die alle gutmütig betrachtet. Sie kommen nicht zur Ruhe. Die weise Frau nimmt mich (denn ich bin als Person auch im Bild) an die Hand und begibt sich an ein Feuer, das in der Mitte, nahe der „Beschwerten“, entzündet wurde. Die weise Frau wirft Kräuter und Räucherungen in das Feuer. Alle werden aufmerksam und betrachten das Tun. Es entsteht nach und nach eine angenehme Ruhe. Fast alle versammeln sich still um das Feuer und beobachten, was geschieht. Nur die „Lebensfreude“ sammelt Beeren, sie ist beschwingt und fröhlich. Sie braucht Bewegung. Die „Liebe“ setzt sich zur „Nachdenklichen“ auf den Baumstumpf und nimmt sie in den Arm. Sie tauschen sich aus. Die „Nachdenkliche“ mag zunächst die Einfachheit und Naivität der „Liebe“ nicht. Aber die „Liebe“

merkt das nicht einmal und bringt die „Nachdenkliche" durch ihre Geschichten zum Lachen. Die „Nachdenkliche" richtet sich sogar erleichtert auf, sitzt gerade und fühlt sich zunehmend vitaler. Die „Weisheit" vollführt ein Reinigungsritual und holt dazu die „Kranke" in den Kreis. Diese atmet den Rauch ein, der ihr mit der Hand von der weisen Frau zugewedelt wird. Ihre Schmerzen im Bauch erscheinen real und sind für sie spürbar und belastend. Sie atmet längere Zeit den Rauch ein. Es bricht ein großes, silbernes Ei aus dem Bauchraum heraus. Ein Bussard nimmt es in seine Fänge und trägt es in ein Nest. Es schlüpft ein junger Bussard, der seinen Schrei ertönen lässt. Es wurde symbolisch die Freiheit geboren. Von diesem Geschehnis ist die „Kranke" sehr geschwächt, einer übrig gebliebenen Hülle gleich. Die weise Frau vollzieht weiterhin Heilrituale. Die „Liebe" kommt hinzu und legt eine Hand auf den Kopf der „Kranken" und eine Hand auf ihren Bauch. Erst nach längerer Zeit beginnt sich eine Besserung einzustellen und die „Kranke" empfindet nun sogar Stolz. Es war etwas Wertvolles in ihr, es war eingesperrt in ihr. Die „Liebe" ist nun keine kitschige naive Schöne mehr. Sie verwandelt nach und nach ihr Aussehen und hilft dort, wo sie gebraucht wird. Ihr Gesicht zeigt nun Charakter und Mitgefühl. Die Hexe hat keine Freude mehr daran, Schaden anzurichten, um endlich wahrgenommen zu werden. Sie ist willkommen, so wie sie ist, und setzt sich zu den „Zweifeln", die sie am ehesten versteht. Die „Zweifel" kümmern sich sehr liebevoll und interessiert um sie, sodass sie beginnt, sich zu entspannen. Die Beobachter stellen fest, dass es durchaus sehr beglückend sein kann, vor Ort zu bleiben und nicht alles an andere weiterzugeben. Sie lernen zuzuhören und zu betrachten. Die „Beschwerte“ erntet viel Anerkennung, denn ohne ihr Holz wäre es nicht möglich gewesen, dieses heilsame Feuer zu entzünden. Sie spürt, dass ihre Mühen endlich anerkannt werden. Sie darf leicht sein, sich von der „Lebensfreude“ mit Beeren versorgen lassen. Der „Spieler“ fühlt sich ausgelaugt. Er hat viel Mühe aufgewandt und doch ist er nicht froh. Er weiß, dass er durchaus beliebt ist, denn er ist sonst kraftvoll und neugierig, doch nun legt er sich in das Gras und lässt sich von den Zweifeln massieren. Die Beobachter dürfen nun gehen, haben aber kein Bedürfnis, anderen Menschen diese Erlebnisse zu berichten. Sie wissen nun, dass es ein gutes Gefühl ist, einfach nur wahrzunehmen.

Die „Intuition“ erscheint als helles großes Wesen, das sich aber nach einiger Zeit auflöst, dem Nebel gleich.

Alles das, was in dieser Trance geschah war ausreichend. Der Hauch von Intuition würde mir genügen, um jederzeit mit den Ich-Anteilen in Kontakt zu kommen.

Die Reise nach innen tat mir sehr gut.

Es erscheint fast kindlich, in eine derartige Trance zu gehen. Doch dieses Symbolisieren, das im Unbewussten Fischen, hat eine enorme Kraft. Ich hätte zum Teil andere Anteile erwartet und bin überrascht über das Treffen.

Die Patienten und Klienten sind immer wieder erstaunt, was sie durch die Hypnotherapie erleben, über sich erfahren, wer sich so zum Beispiel im Rahmen einer solchen Anwendung zeigt. Die personifizierten Persönlichkeitsanteile einmal zu betrachten und diese sich miteinander austauschen zu lassen, bringt Harmonie und Kraft. So beginnt ein Prozess der Wandlung, ein Ausgleich, der als sehr heilsam und stark empfunden wird. Die Menschen entdecken sich ein Stück weit mehr. Auch mir helfen diese Blicke nach innen immer wieder. Es kann ein Prozess beginnen, sich auf sich einzulassen.

Herr K. fuhr ebenfalls eine Woche in ein Haus im Wald. Es war ein Haus mit allem Komfort. Er sehnte sich nach Gelassenheit und wollte über sich nachdenken. Es gab kaum Verrichtungen in diesem Haus, die in der Stadt nicht genauso gehandhabt wurden. Die Heizung konnte er je nach gewünschter Temperatur aufdrehen, den Fernseher einschalten und Nachrichten und Filme sehen, Werbung. Er las seine Tageszeitung, um auf einem aktuellen Stand über das Leben zu sein. Er fragte sich, wie er aus seinen Ängsten vollständiger herausfinden konnte und er dachte über Projekte nach. Sich selbst betrachtete er nur als momentan kranken Organismus, der wieder sicher funktionieren würde, sobald Erfolg da wäre. Auch über seine Beziehung zu seiner Frau dachte er nach, liebevoll und auch mit Ängsten. Sie war erfolgreich, was ihn sehr freute, aber ihn manchmal noch zusätzlich zu verkleinern schien. Seine Frau hingegen wünschte sich die frühere Leichtigkeit ihres Partners. Aber war es nicht auch sie, die ihn über erfolgreiche Arbeit definierte?

Er hielt es unausgesprochen für zu wenig, sich selbst kennenzulernen, was man durchaus verstehen kann. Der rein materielle Existenzkampf war ein so notwendiges Thema, das alles überschattete. Und was wussten schon andere Leute oder Therapeuten davon, die sein Pensum nie geleistet hatten? Man konnte sie reden lassen, aber wirkliche Ahnung hatten sie, mal ganz im Ernst gesagt, keine. Alles ganz nett und hilfreich mit der Psychologie, aber nun ging es ums Geschäft. So dachte er still.

Doch ein Anteil der Persönlichkeit wünschte sich eine sinnvolle Aufgabe, die das Herz erfüllte, die ihn für etwas brennen ließ. Es wäre eigentlich notwendig, diesem Anteil große Beachtung zu schenken. Das reine Bestätigen von Leistungsfähigkeit war in seinem Leben längst geschehen. Es ging um eine Sinnfindung im Leben. Doch eine anspruchsvolle Aufgabe zu finden, die Sinn gibt und trägt, benötigt etwas Zeit. Und die Bezahlung von Tätigkeiten, die dem menschlichen Wohl dienen, ist zumeist sehr gering. Er hatte Angst vor dem „gesellschaftlichen und persönlichen Abstieg“. Er beschäftigte sich nicht mit dieser neuen Aufgabe. Dieser Anteil seiner Persönlichkeit interessierte ihn nur sehr flüchtig oder er hielt ihn geradezu für dümmlich. Er hatte diesen Ich-Anteil einmal kurz kennengelernt, als unerwartete, ja überraschende Erscheinung in der Ego-State-Trance, aber er maß dieser Gestalt nicht die Bedeutung zu, die sie verdiente. Es erschien ihm etwas zu versponnen, dem nachzugehen. Das Umfeld raunte ihm immer wieder zu: „Und dass du dich ja nicht unter Wert verkaufst.“ Und sie meinten damit: „Und dass du dich ja nicht veränderst und anders wirst als wir.“

Zur Betäubung der Ängste nahm er Tabletten ein.

Der Raum war sehr warm und ich dachte über meine inneren Bilder nach. Die Angst, die ich doch für so einen mächtigen Anteil hielt, der zu mir gehört, war nicht erschienen. Sie war zurückgetreten. Es stimmt mit meinem bewussten Empfinden überein und es ist ein gutes, erleichterndes Gefühl.

Immer wieder eindrucksvoll ist es, dass Menschen, die eine sozial übermäßig erwünschte Persönlichkeit entfalten oder Menschen, die an ihren Anschauungen nichts mehr verändern wollen, oft keine Ich-Anteile visualisieren können. Der Zugang ist blockiert. Sie haben in sich keinen Freiraum.

Das gilt auch für einige Menschen, die traumatische Situationen durchlebt haben. Veränderungen kosten Energie, das Aufarbeiten und Erkennen kostet Energie.

Stillstand und Leiden kann eben auch Vorteile mit sich bringen, bis es in eine Krankheit kippt. Dann möchte man gerne verändern, dann versteht man endlich, dann aber ist es vielleicht zu spät.

Doch wer den Schritt wagt, in seinem Leben etwas zu verändern, wenn Freudlosigkeit und Stillstand Einzug gehalten haben, auch wenn Ängste an ihm zerren – wer es wagt, sich selbst zu hinterfragen, bekommt in der Regel sehr viel Kraft und Lebensfreude als Gewinn – *Shakti*, wie die *Jhankris* sagen. Es ist eine Entscheidung, freiwillig vom Leiden loszulassen.

Mir wird bewusst, welchen Aufwand der „Spieler“, einer meiner Ich-Anteile, die sich zeigten, betrieben hat, wie viel Energie er aufbringen musste, um sich kurzzeitig zu amüsieren. Und welches Leid die Hypochonderin durchzustehen hatte, die doch die Freiheit eigentlich schon als Kind in sich getragen hatte. Schön, dass sie in der Lage war, sich mit erfahrener Hilfe zu befreien und dann sozusagen die Freiheit aus ihr herausbrach.

Es ist eine Geburt, Symptome loszulassen und Bedürfnisse zu erkennen!

Wunderbar!

Was für ein großer Stolz kann den Menschen durchziehen, wenn diese Geburt geschafft ist.

Dem Verstand alleine fehlt zu oft der Kontakt zur inneren Kraft.

Wir können uns von einem Alptraum befreien, dem Alptraum des scheinbar Unveränderbaren.

Ich erinnere mich an den Alptraum der Frau F.

Frau F. hielt einen unguten Traum in ihren Händen. Ich hatte sie gebeten, diesen Traum genau dort hinfließen zu lassen. Der Traum beschwerte Sie und saß vorher in jedem Winkel ihres Körpers. Sie streckte die Arme steif und senkrecht vom Körper weg. Der Traum zwischen ihren Händen fasste sich an wie heiße Ware. Der Traum hatte viel destruktive Energie und er pulsierte. Es war ihr persönlicher Alptraum. Er nistete sich schon in ihr ein, als sie erst zehn Jahre alt war. Die Bilder des Traumes verfolgten sie. Es waren immer ähnliche Szenarien.

Sie wurde verfolgt und in die Enge getrieben, bis es kein Entrinnen mehr gab. Es ging eindeutig um ihr Leben. Die Gewissheit, nicht entkommen zu können, war immer wieder eine schreckliche Erfahrung. Mal war es ein Gerippe im Steinkreis, welches sie töten wollte, dann ein Mann, der mitten im Wald aus einem roten Auto stieg oder ein dunkelhäutiger gedrungener Mann mit weißen Bemalungen im Gesicht, der ihr in einem schmalen Kellergang entgegen kam. Kurz vor dem Schluss wachte sie dann mit extremen Herzklopfen auf. Es gab kein böses Ende und kein gutes Ende. Das war trotz der bleibenden Unklarheit tröstlich, eine Rettung.

Auch in ihrem Wachleben gab es oft kein richtiges

Ende, wenn es um Situationen ging, die sie sehr beschwerten, die sie hoffnungslos machten. Sie wachte dann sozusagen auch nur kurz auf, ging ein Glas Wasser trinken oder lenkte sich ab und machte weiter wie bisher. Sie hatte bedeutende Ideen, die alles verbessern könnten, doch sie verfolgte diese nur kurz.

Heute nun hielt Frau F. ihren unguten Traum in ihren Händen und schmiss ihn auf eine Leinwand. Er wurde sichtbar. Er lief Sequenz für Sequenz ab. Er konnte nun mit Abstand betrachtet und verändert werden. Sie konnte ihn verändern, sie bekam die Hilfe dazu.

Denn einen Alptraum zu verändern kann bedeuten, das ganze Leben zu verändern.

Frau F. allerdings bekam Angst davor, frei zu sein.

Sie kratzte ihren Alptraum von der Leinwand und fraß ihn gierig auf.

DAS SECHSTE HAUS – DIE LIEBE

Die Liebe ist die Leidenschaft, die am wenigsten von der Gesellschaft geduldet wird – es ist die wildeste, die barbarischste Leidenschaft, die am meisten wider die soziale Ordnung verstößt.“ [9]

Wenn ich nun beginne, dieses Kapitel zu schreiben, fällt mir auf, dass alle anderen Abschnitte des Buches sozusagen schon längst mit der Liebe zu tun hatten, sie sind durchzogen von ihr, wie mein Leben.

Schließe ich die Augen und sage das magische Wort „Liebe“ und nehme einfach nur wahr, entwickelt sich ein Körpergefühl, Bilder tauchen auf, Sehnsucht ist da, Wärme und Unruhe, denn ich bin mit diesem Gefühl nicht im Reinen, ich empfinde nur selten Gelassenheit in diesem Zusammenhang. Die Liebe beschäftigt mich mein Leben lang. Es ist eine Kunst, die wir im Laufe des Lebens erlernen, sie immer wieder verfeinern und ihre Größe schrittweise erfassen. Sie ist überlebenswichtig.

Man möge davon ausgehen, dass, wie schon Erich Fromm in seinem Buch „Die Kunst des Liebens“, behauptete, der Mensch ein Wesen ist, welches mit Vernunft begabt ist und das sich seiner selbst bewusst ist oder, wie ich ergänzen möchte, dieses zumindest von sich glaubt. Ihm ist eine bestimmte Zeitspanne gegeben, in welcher er sich auf der Welt umschauen kann. Auf seinem Weg wird er andere Menschen kennenlernen, die er irgendwann wieder unfreiwillig verliert. Das sei der Lauf des Lebens und damit auch der Annäherung und des Abschieds.

So schreibt E. Fromm: „... all das macht seine abgesonderte, einsame Existenz zu einem unerträglichen Gefängnis. Er würde dem Wahnsinn verfallen, wenn er nicht in irgendeiner Form seine Hände nach anderen Menschen ausstrecken und sich mit der Welt außerhalb seiner selbst vereinigen könnte ... Die Erfahrung des Abgetrenntseins erregt Angst, ja sie ist tatsächlich die Quelle der Angst.“ [10]

Es gibt verschiedene Formen der Liebe, die ich selbst kenne und die auch Erich Fromm zum Teil benennt. Die mütterliche und väterliche Liebe, die Geschwisterliebe, die freundschaftliche Liebe, die erotische Liebe zu einer Person, die Eigenliebe, also das Mitgefühl zu sich selbst, die Liebe zu anderen Lebewesen wie zu meinem Kater „Ivan“, die Liebe zur Natur, die Liebe zu Gott. Dann ist da noch die Menschenliebe, die sich bei allem deutlichen Hin- und Hergerissensein darüber, ob die Menschheit insgesamt überhaupt liebenswert ist, doch immer wieder dann zeigt, wenn sich Krisen auf der Welt ereignen. Dann spüre ich besonders deutlich, dass alle Menschen verbunden sind und bei vielen tiefes Mitgefühl entsteht. Verantwortung und Hilfe, das Füreinanderdasein, gehören dazu. Natürlich gehört auch die Freude zur Verbundenheit dazu, so wie bei außergewöhnlichen Ereignissen, wenn zum Beispiel die Menschheit gemeinsam in ein neues Jahrtausend geht und auf der Erde die Menschen dieses Ereignis auf ihre Art und Weise feiern und zumeist positiv aneinander denken. Die Kreativität verbindet, die Kunst, alles ethisch produktive Schaffen bedeutet Verbindung zu anderen. Es entsteht Austausch.

Die erotische Liebe – das wirklich tiefe körperliche und seelische Verbundensein zu einem Menschen, habe ich nur selten erlebt. Es ist ein sehr kostbares Geschenk.

Der Fluss der Liebe, der Verbundenheit, ist für mich das wichtigste Gefühl. Es macht mich kreativ und offen dem Leben gegenüber. Die Liebe gibt dem Leben Sinn.

Mein Schaffen ist ihr gewidmet.

Gehe ich schlafen, denke ich oft beim Hinübergleiten in die Träume an die Liebe, an Sex. So kuschelte ich mich auch jetzt, hier im Polenhaus, in den Schlafsack und dachte an den, der mir gefällt. Die Sehnsucht war sofort da. Ich genoss einen Traum im Halbschlaf. Ich flog libellenähnlich zu dem Mann, den ich begehrte. Ich landete sanft auf seiner Schulter und betrachte ihn neugierig. Er schlief und bewegte sich manchmal unruhig hin und her. Es schienen ihn Gedanken zu verfolgen. So streichelte ich zart über seine Haut und kletterte zu seinem Ohr und flüsterte in einer unbekannten Sprache beruhigende Worte hinein. Er lächelte kurz. Ich wanderte fast ohne Gewicht über seine Brust und lege mich über seinem Herzen auf den Körper. Ich hörte sein Herz gleichmäßig schlagen und spürte seine Wärme. Ich blieb eine ganze Weile liegen und ließ mich vom Atem bewegen. Es war ein wunderbarer Moment. Dann stand ich auf und flog davon.

Ich ließ mich tiefer in den Schlummer gleiten und es schoben sich andere Bilder darüber. Ich hoffte, diese brächten mich in gute Träume, um nicht quer in die Ängste der Dunkelheit einzutauchen, die schnell da sein können, *biological preparedness*.

Auch am Morgen, gerade aufgewacht, träumte ich noch etwas weiter.

Es war ein sanfter Tagesbeginn. Die Atemluft im Raum

war frisch, denn der Ofen trug nur noch wenig Restglut in seinem Bauch. Ich lag in meinem warmen Schlafsack. Ich streckte mich, rollte mich noch einmal zusammen. Zwei Decken spendeten zusätzliche Wärme und so konnte ich das Erwachen und den Start in den Tag genüsslich ausdehnen.

Auf die Frage, was die Liebe sei, antwortete Bettina von Armin sinngemäß, dass sie es nicht wüsste. Es sei so ähnlich wie in ein gewähltes Gefäß all seine Sehnsüchte zu schütten. Die Betrachtungen mögen insgesamt verschieden sein, doch eins kann wohl jeder bestätigen: Die menschlichen Beziehungen, insbesondere Liebesbeziehungen sind kompliziert.

Die Liebe ist ein Geschenk und eine Kunst zugleich.

Wie jede Kunst braucht sie Wissen und Fähigkeiten zu dem vererbten Talent. Aber wer liefert die richtigen Lehrbücher, wer weiß die Wahrheit über die Liebe? In der Schule ist die Liebe kein Lehrstoff, Religionen beschäftigen sich mit Vorgaben hinsichtlich der Liebe. Doch welche Ansichten sind die wirklich wahrhaften? Was befriedigt die Menschen, was macht sie glücklich, was bringt Frieden und Solidarität?

Das wiederum zeigt nur die Erfahrung, und diese können wir nicht umgehen. Wenn wir am Ende unseres Lebens innerlich gelassen sein möchten, ist es notwendig, einen Weg zu finden, der Liebe und Respekt im Umgang mit den Menschen trägt. Wir experimentieren bestenfalls vor dem Hintergrund aller Theorien und ziehen unsere Schlüsse. Die Sehnsucht lockt uns. Wir begeben uns in Gefahr. Wir leben und probieren, zu lieben.

Das sexuelle Verlangen als Triebkraft lockt uns vor die Türen. Das Begehren ist eine mächtige Kraft und bringt in seiner Konsequenz neues Leben hervor.

Wir schauen uns an, wir berühren uns, nehmen uns über die Sinne wahr. Haben wir diese Erfahrungen gemacht, so versuchen wir, Modelle des Zusammenseins auszuprobieren. Das Nachahmen steht wie bei allen wichtigen Beschäftigungen am Anfang des Tuns. Wir spielen Vater-Mutter-Kind. Oder besser, wir spielten einmal Vater-Mutter-Kind. Die Modellvorgaben haben sich um viele Möglichkeiten des Teilens erweitert.

Und dann vergleichen wir uns mit anderen, ob wir wohl glücklich sind oder ob das Zusammensein von anderen schöner ist? Und wir prüfen, ob unsere Erwartungen erfüllt wurden. Entsprechen sie den theoretischen Vorstellungen, die vermittelt wurden? Fühlen wir uns geliebt und tief verstanden oder erfüllt das Miteinander eher nur einen Zweck?

Es gibt viele Menschen, die sich zusammentun, um ein bestimmtes Musterleben zu führen. Die Regeln und Prinzipien eines solchen Miteinanders sind erlernte Richtwerte. Werden diese nicht erfüllt, ist die Enttäuschung groß und dann folgt vielleicht die Trennung oder das Zusammenleben in gegenseitiger Verachtung.

Es gibt aber auch die Liebe zu einem Menschen, um seiner selbst willen. Das ist eine Form der Liebe, die mitunter sehr tief empfunden werden kann.

Wir haben die Fähigkeit zu lieben.

Diese Form der Liebe bringt Erregung und Gelassenheit. Es geht nicht darum, dass dieser eine Mensch alles mitbringen muss, was uns im Zusammenleben mit ihm glücklich machen könnte. Wir lieben ihn so, wie er ist. Dieses Gefühl blüht im Kontext der größeren Liebe, die umfassend ist und nicht objektbezogen.

Die Verbindungen zu anderen Menschen und Lebewesen, zur Natur, ja selbst zu Dingen, gehört mit dazu.

Man kann sie als ein Ideal bezeichnen oder besser als ein Original, denn es gibt keine Kopien.

Jede Liebe ist einzigartig. Und die Suche, die Sehnsucht, bringt die Kreativität, die Vitalität, sie lässt uns lebendig sein und voller Energie. Ich lasse mich gerne von ihr hinreißen und bin nicht am Ende angekommen.

Wenn wir aber nun Liebe im idealen Sinne, also allumfassend, empfinden würden und wenn wir aufgehoben und gleichzeitig frei wären in der Verbindung zu einem Menschen, sind wir dann am Ende unseres Lebens ohne Sehnsüchte, sterben wir dann?

Ich denke, wir brauchen dann die Fähigkeit, in der Gelassenheit zu verweilen. Das ist eine hohe Kunst.

Als etwas Besonderes empfinde ich es, wenn ein Mensch mir wirklich zur Seite steht, der mich anzieht und auszieht, den ich interessiere. Wenn er sanft und Schritt für Schritt mit mir verbunden wird, indem wir uns tief kennenlernen. Wenn wir im Miteinander Erfahrungen sammeln und uns berühren und auch infrage stellen, wenn wir uns immer wiederfinden. Und das geschieht nur im Kontext der Verbundenheit zu dem, was uns umgibt. Wenn wir gemeinsame Träume entwickeln, wenn wir uns durch unsere Kreativität mit der Gesellschaft und Natur verbinden, um Gutes in die Waagschale des Lebens zu geben. Dann ist die Liebe eine bleibende Lust. Und jede Liebesgeschichte ist neu in der Veränderung des uns Umgebenden.

Doch dort, wo die Lüge und die Angst Hand in Hand gehen, das Vorteilsdenken, kann sie nicht gedeihen, die Liebe. So bleibt die Sehnsucht.

Ich gleite auf ihr dahin, viele Stunden, viele Tage, viele Jahre, und auch jetzt eine ganze Weile, bis sich der Blick verfängt.

Es waren Eisblumen auf den Fenstern. Heute war der Himmel blaugrau und es ist kalt. Auf den Berghängen des umgebenden Riesengebirges lag schon seit Wochen Schnee, die Skisaison hatte begonnen. Ich freute mich, dass hier im Moment kein Schnee lag. So war es möglich, mit dem Auto zum Haus zu kommen.

Marians Auto war zu hören, ein *Subaro Justin*, ein Allradauto. Es ist gut für die bergige Gegend. Marian klopfte an und ich bat ihn herein. Er wollte lieber draußen an der Luft einen Tee trinken. *Zigan*, sein Hund, war mit und sprang erfreut um unsere Beine. Ich bereitete einen Holunderblütentee mit Ingwer zu und wir rauchten gemeinsam eine *Jan Sobieskie*. Marian brachte Äpfel und altes Brot für die Pferde, die wir an *Maniusza* und *Mirkia* verfüttern konnten. Ein Hengst war dazugekommen, der *Gewont* hieß. Es war ein schönes Tier. Im Februar wollte Marian mir eine Badewanne und einen alten Badeofen einbauen. So könnte auch warmes Wasser für ein Bad bereitet werden. Das würde meine Freunde erfreuen, die dann und wann mit nach Polen kamen, denn nur wenige teilten die Freude an einem winterlichen Flussbad. Wir überlegten, wie der Fußboden aussehen sollte. Ich war dafür, Schiefersteine zu nehmen und sie einzulassen. Marian sagte: „Nein, Delia, ist zu schief, nicht gut für Füße und saubermachen. Muss auch bisschen praktisch sein, nicht nur schön." Ich sagte: „Aber schön besser." Er lachte und wir hatten das Problem geklärt.

Wir fütterten und streichelten die Pferde, die majestätisch über die Wiese schritten und zu uns kamen. Ich legte meinen Kopf an *Maniuszas* und *Mirkias* Stirn. Sie schnaubten und zupften mit den weichen, feuchten Mäulern an meiner Jacke. Der Pferdegeruch war warm und beruhigend. Es war schön, sie zu streicheln, sie zu berühren.

Es gibt auch Momente, in denen sich eigentlich unbekannte Menschen kurz berühren, und das kann stattfinden, ohne dass viele Worte getauscht werden. Wie viel sagt oft ein Blick oder ein Lachen. Ich erinnere mich an eine Situation, die ich in Berlin erlebte und die mir lange Zeit in Erinnerung blieb.

U2 Berlin

Ein grauer Herbsttag, Regen hängt an jedem Blatt, der die schwere Luft doch nicht sauber gewaschen hat. Ich bin an die 50 Stufen in die U-Bahn hinunter gehastet und löse einen Fahrschein. Zugluft, Warten, Kälte. Die Bahn fährt polternd ein. Zu hören ist ein Metallgeräusch, hervorgerufen durch das Bremsen.

Die schale Luft will sich nicht verziehen. Passanten huschen aneinander vorbei, Blickfetzen. Im Waggon ist es still, melancholisch und dumpf starren die Fahrgäste vor sich hin, auf den Boden, auf ihr Handy oder in die Zeitung. Ein paar Stationen lang das gleiche Bild und die gleiche trübe Stille. Ich sehe mich um. Um diese Uhrzeit haben alle noch müde Gesichter, die meisten müssen wohl zur Arbeit. Mäntel, Anzüge, beschmutzte Schuhe, geschlossene Gesichter prägen das Bild. Gleichtönig geht die Fahrt weiter. Die Frau gegenüber schläft fast ein, doch wenn der Kopf absinken will, schreckt sie reflexartig hoch und schaut sich verunsichert um.

Eine Station weiter, kurz nach dem Abklingeln, springen zwei junge Männer in ungeordneter Kleidung ins Abteil. Sie sind laut, es riecht leicht nach Rauch und Alkohol. Sie stoßen im Eifer gegeneinander und lachen. Einer bleibt im Türbereich stehen, der andere geht in den Mittelteil des Waggons. Sie werfen sich einen zu einem Ball verknoteten groben Wollpullover zu, rufen „Pass! Flanke“. Sie lachen und kreischen wie Kinder. Einer ist im Ballbesitz und sieht sich nun um. Die meisten mustern sie verunsichert, Körper straffen sich verärgert und erregt auf den Bänken, andere blicken nach unten, kauern sich zusammen und schauen meinungssuchend zu den Nachbarn. Der junge Mann mit dem Pullover fixiert mit einem Fingerzeig einen geordneten Mann im Anzug und wartet, bis ihre Blicke sich treffen. Die Stille der sitzenden Leute hat ihren Höhepunkt erreicht. Das dumpfe Stieren ist in Anspannung umgeschlagen.

Der Ballmann ruft wiederum laut: „Achtung Pass!“ und wirft das Bündel zum geordneten Anzugmann mit dem sehr ernsten, beherrschten Gesicht. Alle warten. Es könnte nun alles passieren. Eine Schlägerei, ein Streit. Der Angespielte reagiert entgegen aller Erwartungen gekonnt und blitzschnell, fängt den Ball und gibt mit einem Lächeln ab an den nächsten, wobei er ebenfalls ruft: „Flanke!“ Dieser spielt geschickt weiter. Im Waggon wird gelacht und mitgespielt. Eine ungeahnte Lebendigkeit macht sich breit. Der Ball fliegt durch den Waggon. Lächelnd gehen Leute aus dem Untergrund.

Es ist schön einfach Mensch zu sein, seine Ängste davor zu verlieren, seine Deckung aufzugeben.

Ovale Gefühle (Text: Helmut Ruge †)

Mir ist heute so komisch zu Mute.
Dabei kenne ich doch meine Gefühle.
Ich habe sie sogar auswendig gelernt.
Ich habe runde Gefühle für den Feierabend.
Und eckige Gefühle, damit ich besser vorankomme.
Und das komme ich – also alles vollkommen normal.
Aber heute fühle ich auf einmal so ein
merkwürdig ovales,
länglich gestrecktes, völlig banales Gefühl.
Und ich weiß nicht mal, wofür es gut ist.
Das darf in meinem Alter eigentlich nicht mehr
vorkommen.
Wir sind ein modernes Land mit einem modernen
Gefühlsleben und einer modernen Sexualtechnik.
Das heißt nicht, dass man gefühlskalt sein sollte.
Ein kleines Gefühl unterm Geigerzähler
macht jede Zweisamkeit bekömmlicher.
Aber nur dumme Menschen gehen bis zum Affekt.
Günstig ist eine mittlere Gefühlstemperatur
Zwischen 18 und 22 Grad im Schatten.
Wer sich zu Jemandem hingezogen fühlt,
sollte gleich zu jemand anderem ziehen,
damit er sieht, dass es auch geht.

Nur dieses komische, ovale Gefühl
krieg ich nicht weg.
Weder mit Bayer noch mit Valium.
Schrecklich, diese Hilflosigkeit.

Die Sehnsucht nach Nähe zu anderen Menschen ist nicht immer leicht zu erfüllen. Das gefühlte Getrenntsein von anderen erzeugt Schmerz. Diesen zu betäuben kann gut tun. „Ein Recht auf Rausch" wird deklariert, ein Recht auf Betäubung. Alkohol, Cannabis, Benzodiazepine – und andere Mittel. Sie betäuben uns in der gefühlten Einsamkeit – in unserem Dasein, das wir uns angestrengt so sinnvoll wie möglich zu gestalten versuchen.

Sie tun oft gut, sie verändern das Bewusstsein. Sie bringen einen Moment der scheinbaren Leichtigkeit des Lebens. Sie verlocken und trösten, geben Mut und Kraft für Stunden. Sie machen uns mitunter auch abhängig.

Regelmäßige, zwangsläufige Betäubungen aber ohne rituellen Wert, rauben Leben und die Fähigkeit zur Liebe.

Mosaik (Text: Delia Müller)

An einen Baum gedrückt,
im Eissee geschwommen.
Auf einem Stein vor der Hexenhütte in Norwegen
gehöre ich dem Wind.
Eine Offenbarung, das Wollgras am Sumpf.
Es ist so klar, dass man nur bewahrt,
was man liebt.

DAS SIEBTE HAUS – FOCUSING – FISCHEN IN DER TIEFE

Neujahrsnacht

Sechs Tage in der Berghütte sind nun vergangen und es ist mein letzter Tag, den ich hier im Winter alleine verbringen werde. Es ist gleichzeitig der letzte Tag dieses Jahres.

Etwas Feierliches durchströmt mich und ein gutes Gefühl von Lebenskraft.

Heute gehe ich in *Stara Lesnia*, einem kleinen Ort in der Nähe, Silvesterknaller kaufen. Die polnischen Bewohner des Städtchens kaufen diese nicht packungsweise, nicht in riesigen Mengen wie in Deutschland, sondern einzeln, jeweils eine Rakete oder wenige. Ich nehme es erfreut wahr. Ich kaufe eine Rakete, um die Geister des alten Jahres zu verabschieden.

Es ist eine wichtige Zeit, ganz für mich, hier an diesem Ort.

FOCUSING[d] (Text: Delia Müller)

Wer pausenlos rackert, denkt beschränkt
Wer keine Probleme hat, löst sich auf
oder ist für Sekunden glücklich
Herzmantra, Leere – man sagt erleuchtet oder weise
Eine Dimension weiter als erfasst
kumuliert Wissen
oder Leere
Wer wahrnimmt, wird in seiner Ruhe gestört

Wer pausenlos rackert, denkt beschränkt
Wer fühlen will, muss sich herablassen
In sich selbst

Ein Bestand aus unendlichen Jahren Evolution
und Erlerntem
Geschehenem
Herablassen – Spüren – *FELT SENSE*

VERGLEICH – FRAGEN – AUFNAHME
Symbole, Worte-Gefühl-Passung
In sich ruhen
Außen vor
Ausprobieren, verschieben, übereinander bringen
Entspannung
dann einen Schritt

ABER
Drumherum Beschränkte
Wer denkt nicht beschränkt zu sein,
hat zu viel gerackert

Das *Focusing*, das Fischen im Unbewussten.

Ich nutze es oft am Ende der Therapie, wenn die Patienten aus ihrem bewussten Verstand heraus fröhlich sagen, dass es ihnen wieder vollkommen gut geht. Ich führe dann den Mann oder die Frau in eine leichte Entspannung und sage einen Satz, den ich bei einem Kollegen einmal hörte: „Mein Leben ist in allen Facetten genauso in Ordnung, wie es jetzt ist.“

Und dann schaue ich mit einem Lächeln auf die spontane Reaktion. Es ist immer wieder schön, zu sehen, wie innerer Widerstand hochkommt, wie sich der Körper zusammenzieht, fest wird oder der Patient loslacht oder einen Druck auf der Brust spürt, sich alles in ihm aufbäumt oder anderes geschieht, wenn dieser Satz so für ihn doch noch nicht stimmt.

Der Satz kann erst mit Wohlwollen und einem Lächeln angenommen werden, wenn wir die Botschaften unserer Ängste verstanden haben, sie wahrgenommen haben, wenn wir uns innerlich sortiert, harmonisiert haben. Es gibt nur immer das Leben mit all seinen Widersprüchen.

Herr K., an den ich in diesem Zusammenhang dachte, sendete mir vor einiger Zeit eine Mail: „Bin in der Klinik. Mir geht es schlecht." Er musste einen Entzug der Mittel, die er einnahm und die alle Ängste überdecken sollten, sodass man ihm keine Unsicherheit ansehen konnte, miterleben. Die Tarnung ging verloren.

Als ich ihn einige Zeit später in Berlin durch Zufall wiedertraf, bedurfte es keiner Worte.

Leid ist manchmal ein überzeugender Lehrer.

Wir begrüßten uns unsicher, aber mit Freude, sozusagen fast mit einem Augenzwinkern. Ich sah ihn genau an und wusste: Er hatte sich nun wirklich auf einen Weg begeben, sich selbst zu finden und zu achten.

In der Silversternacht schrieb ich so die letzte Geschichte dieser Reise:

Splitternacht und Blütenträume – eine Trance

Es war an diesem Tag, als dir ein Spiegel aus den Händen glitt. Er zerbarst in viele Teile, ein gerahmter Ausschnitt dieser Welt. Du standest vielleicht lange sprachlos vor diesem Scherbenhaufen.

Doch waren die Splitter dein.

Du erinnertest dich und fandest sie wieder. Du hattest sie liegengelassen.

Du begannst, sie vorsichtig zu betrachten. Nun sahst du ihren Zauber.

Jede Scherbe spiegelte ein anderes Stück Welt.

Bruchstücke – zauberhafte Bruchstücke.

Eine Scherbe nimmst du hoch und drehst sie vorsichtig zwischen den Fingern. Sie zeigt dir ein Stück Weg, an dessen Ende auch ein Anfang zu finden ist, mehrere Anfänge sogar. Du steckst alle Scherben, in ein Tuch gewickelt, in deine Tasche und nimmst sie mit und gehst behutsam und sicher den Weg der Splitternacht, begibst dich in das Tal deiner Blütenträume.

Du gehst einen sonnigen Waldweg entlang. Üppige exotische Natur umgibt dich. Du stehst nun vor einem uralten Steintor, eingeritzt sind Zeichen. Um dich herum dichter Wald. Treppen – Treppen schieben sich an das Tor, die hinabführen. Diese Treppen wechseln immer wieder. Sie ermöglichen dir neue Wege, sie bringen dich zu dir.

Dein erster Schritt wird erwartet.

Er kostet sehr viel Mut.

Du hörst in der Ferne Tierstimmen, du siehst die Sonne durch die Baumkronen brechen. Es riecht nach Erde und Pflanzen.

Gedanken kommen und gehen.

Geräusche kommen und gehen.

Du lässt los.

Du lässt alles los, was du nicht brauchst an diesem Ort. Und beschreitest die Räume der unendlichen Möglichkeiten ganz einfach, wie in eine parallele Molltonart und darüber hinaus in etwas Nicht-Definiertes.

Völlig neue Bilder, Farbenspiele, Schattierungen, andere Klänge, andere Maße, Ausdehnungen und Anordnungen.

Du schreitest unbefangen durch Räume, die keine sind, zeitlos, geschichtslos, unbeschrieben.

Es ergeben sich nicht fassbare Weiten und Energien.

Der Weg ins Unbekannte führt über einen sicheren Ort, einen Ort in dir selbst, den du vielleicht erst heute entdeckst. Deinen inneren Ruheort, bewacht von einer Frau, einer weisen Frau, die dir sagt, dass du mit Geschwindigkeit nichts erreichen wirst, denn sie weiß, du bist auf der Suche. Du willst darauf nicht hören und vorwärts gehen, immer schneller vorwärts gehen.

Du kennst doch dein Ziel. Dort möchtest du hin – Du willst laufen. Es gelingt nicht. Hier zählt kein Ziel, zählt keine Geschwindigkeit. Du bleibst stehen, siehst einen klaren Fluss. Du tauchst die Hände in das kühle klare Wasser.

Der Fluss nimmt deine Gedanken mit sich fort.

Deine Zweifel erscheinen als Wesen, die dein Geheimnis sind und deine Wünsche kennen. Sie schicken einen Vertreter. Er gibt dir einen Trank, der dich in der Zeit vorausschickt. Du gehst rückwärts. Denn er, der Abgeordnete der Zweifel, sagt zu dir, nur rückwärts könne man in die Zukunft gelangen. Und nur, wenn du es schaffst, selbstvergessen, ohne Angst, rückwärts zu gehen, langsam. Du wolltest eigentlich in eine Höhle, um dort geschützt von der Zukunft zu träumen, aber du sinkst langsam nach unten. Du sinkst erst mit Gewicht, dann langsam, schwerelos werdend, nach unten. Du wirst schwerelos und es ist vollkommen in Ordnung. Du lässt es geschehen, und nun beschreibst du im langsamen Heruntersinken eine mächtige Vorwärtskurve. Der Raum, in den du gesunken bist, ist nicht hell, wie du es dir gewünscht hast, sondern dunkel und geheimnisvoll, lediglich von weißgrauen Nebelschwaden durchwoben, wie von der Milchstraße. Eine wunderbare Stille, Sterne, Sitara. Kurz ist ein Mensch spürbar, der dir sehr nahe ist, dann eine Kurve nach vorn und ein Wiederauftauchen am Fluss. Hier findest du Helligkeit, Stille und Klarheit. Du betrachtest den Fluss. Du weißt, er fließt ins Meer. Rechts an deinem Körper – Farben, die angenehm schillern. Der Fluss verwandelt sich vor deinen Augen in ein Meer. Du siehst die klaren Farben des Wassers. Du lässt dich in das Meer fallen, als wäre dies ganz natürlich, und tauchst tief und sanft ein. Du bist im Meer, ohne dass es dir an Luft mangelt. Du bekommst selbstverständlich Luft und tauchst tiefer ein, schwerelos. Es tut gut, eine neue Qualität von Stille, wunderbare Stille. Vor dir liegt eine Stadt im Meer, die golden ist und die schimmert.

Menschen existieren dort nur als Silhouetten, goldene, menschliche Silhouetten. Sie müssen erst neu geboren werden, sich wiederfinden. Es sind feine, friedliche Gestalten, noch ohne erkennbare Gesichter. Neben den goldenen Gebäuden ein vertikaler, dunkler Spalt, durch den du hindurchgehst. Nun bist du in der Stadt und bist eine ebensolche Silhouette geworden wie die, die du gerade sahst. Du empfindest Leichtigkeit, angenehme Leichtigkeit, und schreitest in die gleiche Richtung, wie die anderen sie vorgegeben haben, völlig geräuschlos. Du schaust neugierig durch die Wasser und vernimmst den Klang des Unterwasserseins ganz deutlich. Die Weite wird nun erst fassbar. Die unendliche Weite, die ungewöhnliche Eindrücke bietet. Dein Körper verändert sich und wird schwimmfähig, nixengleich, halb Mensch, halb Fisch,

Undinenzauber – leichter Salzgeschmack auf den Lippen, du beginnst zu schmecken. Du bewegst dich frei im Ozean. Du genießt die Freiheit und tauchst durch die Wasser. Im Meer befinden sich noch andere Wesen, schwimmfähig geworden und frei. Sie lächeln dir zu, und auch in dir beginnt sich eine Fröhlichkeit auszubreiten.

Alle genießen die Kraft des Ozeans und die Unendlichkeit der Formen und Farben. Du bist neugierig, hier gibt es keine Wege, alles ist Weite, alles ist Möglichkeit.

Du schwimmst geschmeidig und leicht durch die Wasser und probierst dich aus, Bewegung, Sprache im Unterwasserklang – eigenartig. Gefühle, gewiegt durch die Wellenbewegungen in tiefer See. Du lässt dich einfach magisch anziehen von den verschiedenfarbigen Lichtstrahlen, die am Meeresgrund kleine Schätze erhellen. Muscheln, Meeresgetier, ein altes bewachsenes Schiffswrack, in dem tausende bunte Fische wohnen.

Eine Perle, vom zarten Licht erhellt, schimmert ganz besonders. Deine Seele – Diese hast du gesucht. Du hast dich versichert, dass sie gut geschützt hier unter Wasser ist, unter warmem Sand, in einer Muschel, geschützt durch den Ozean, durch die unendliche Kraft des Ozeans.

Ungefragt unzugänglich. Diese Perle zu betrachten macht dein Herz frei.

Schwerelos schwimmst du mit einem Lächeln durch die Wasser, Wärme, Wohlgefühl, Kraft und Heilung. Du genießt die Stille, die Weite, die Schönheit. Du lässt dir Zeit und fühlst dich selbst sehr deutlich, und dir wird klar, was dir guttut. Dann tauchst du langsam aus dem Wasser wieder auf, dich erfrischt ein Windhauch. Du bist wieder in deiner ursprünglichen Gestalt, atmest die Meeresluft, die Frische, die Kraft, die du in dir aufnimmst. Die Sonne wärmt deine Haut, deine Haare. Nie zuvor hast du die reine Luft als so erfrischend wahrgenommen. Wieder der Fluss, wieder der Zweifel. Er bittet dich zu Tisch und lächelt, hier, am sonnigen Strand. Er zeigt dir jetzt die eine Frucht, aus dessen Trank die Möglichkeiten des Lebens gemischt werden, nach denen du auf der Suche bist, aus denen Zukunft entsteht. Er sagt, man nenne diese Frucht Mut, wobei die Zukunft immer nur der jetzige Moment ist, immer wieder das Dasein im Moment – voller Leben. Du isst von dieser Frucht und sie tut dir gut, sie riecht wie Birne, Kürbis, Mango gemischt, nicht sonderlich exotisch, regelrecht normal. Doch ihr Saft ist köstlich und stärkend. Deine Zunge, so lang, wie die eines Chamäleons, schleckt den Saft. Köstlich, erfrischend, du musst lächeln.

Du hast Zeit, du darfst an der Sonne am Strand verweilen, dich ausruhen. Egal ob Fluss, ob Meer, ob Land. Es mangelt nirgends an Luft. Alles eins. Du fühlst dich leicht.

Vollkommene Gelassenheit, nichts muss errungen werden, alles ist bereits da, es will nur entdeckt und erkannt werden. So ergeben sich die Wege ganz leicht, ja spielerisch. Komischerweise passen die Zweifel auf dich auf, sie sind humorvolle Wesen, alle unterschiedlichen Charakters und mit unterschiedlichen Funktionen. Du fragst sie, ob es Liebe gibt in deiner Zukunft.

Sie kichern und lächeln und deuten auf eine Stelle. Du gräbst dort behutsam im warmen Sand und findest ein Schildkrötenei. Just in diesem Moment schlüpft daraus eine kleine Schildkröte. Du setzt sie in den Strandsand und sie schafft es mit einer absoluten Selbstverständlichkeit in das Wasser. Du siehst zu, wie sie ihren Weg findet. Sie wird wachsen und älter werden. Du weißt nun um die Liebe.

Du weißt nun um den Ozean.

Du weißt um die Bewegung, du siehst die Wellen.

Du schreitest gestärkt und erfrischt weiter. Der Weg führt dich allmählich zurück zum Tor. Du gehst zur Hüterin des Ruheortes, zum Ausgang, und verabschiedest dich in alle Richtungen. Und du bedankst dich bei der weisen Frau, die dich gut behütet, die sanft lächelt und dich in den Arm nimmt. Du weißt, dass du jederzeit wiederkommen darfst. Es ist dein Kraftort. Du steigst langsam die alten Steintreppen hinauf zur Realität.

Die Sonne scheint dir entgegen und wärmt deine Haut.

Du bist zurück im Raum der gegenwärtigen Möglichkeiten.

Und schmeckst den Ozean.

Und schmeckst das Leben.

Es beflügelt dich.

Es wird dich lenken.

Du nimmst die Scherben aus deiner Tasche und legst

sie neu zusammen. Es entsteht ein ganz anderer, von dir zusammengesetzter Spiegel, der dich in neuer, zauberhafter Gestalt zeigt.

Du schmeckst den Ozean
und siehst die Blütenträume.
Und darfst nun in den neuen Farben selbst erblühen,
wunderschön!

Sekundärliteratur und Begriffe

[1] S. 19 Fritz Riemann, Grundformen der Angst, Ernst Reinhardt Verlag München Basel, 36. Auflage, 2003

[2] S. 20 Pema Chödrön, Geh an die Orte, die du fürchtest, Arbor Verlag, 4. Auflage, 2002

[3] S. 20 Pema Chödrön, Geh an die Orte, die du fürchtest, Arbor Verlag, 4. Auflage, 2002

[4] S. 119 Blumenberg,Hans: Schiffbruch mit Zuschauer, Paradigma einer Daseinsmetapher, Bibliothek Suhrkamp, gebundene Ausgabe 27.05.97

[5] S. 133 Honoré de Balzac, Verlorene Illusionen (Illusions perdues), 1837, 1843, übers. v. Hedwig Lachmann, Insel-Verlag Leipzig, 1936

[6] S. 164 S.131 Heiko Schrang, Die Jahrhundertlüge, die nur Insider kennen, Macht steuert Wissen Verlag

[7] S. 166 Tsültrim Allione, Den Dämonen Nahrung geben, Arkana, München, in der Verlagsgruppe Random House GmbH, 2009

[8] S. 170 Pema Chödrön, Geh an die Orte, die du fürchtest, Arbor Verlag, 4. Auflage, 2002

[9] S. 185 Anatole France (1844-1924), Die rote Lilie

[10] S. 186 Erich Fromm, Die Kunst des Liebens

Anmerkungen

[a] S. 45: Freygang: Rockband aus Ostberlin (Sänger und Bandchef André Greiner-Pol †)

[b] S. 100: EMDR: Eye Movement Desensitization and Reprocessing, Traumatherapiemethode nach Francine Shapiro

[c] S. 101: Zeitregression: zeitliches Rückwärtsgehen z.B. als Intervention in Trance

[d] S. 11, 197, 199: Focusing: Psychotherapeutische Technik, entwickelt durch Eugene T. Gendlin

Die Autorin

Delia Müller, *1964 in Wismar, ist Autorin und Sängerin sowie im Musikmanagement tätig.
Dipl. Psychologin, Abschluss: Humboldt-Universität zu Berlin. Klinische Tätigkeit in der Brandenburgklinik bis 2009 / Bereich: Neuropsychologie.
Hypnotherapeutin. Seit 2010 selbständig als Heilpraktikerin für Psychotherapie.
Arbeitet als Dozentin / Personalleitung für das Institut für Entspannungstechniken und Kommunikation Berlin (IEK) und als Dozentin für die Heilpraktikerschule REKS am Westend Berlin.

Ich danke dem chiliverlag, insbesondere Franziska Röchter, für die wunderbare Zusammenarbeit.
Peter Wawerzinek für sein Vorwort.
Eva Carbo Trill und Marc Aschenbrenner für den Film zur Lesung.
Vanja Kevresan für die musikalische Begleitung zur Lesung.

Vorübergehend nicht erreichbar – Über Kontaktabbrüche
Hrsg. Franziska Röchter, chiliverlag 2015
ISBN 978-3-943292-25-1, 224 Seiten, 10,00 EURO

Für diesen Band waren Autoren aufgerufen worden, aus verschiedenen Perspektiven über die Problematik und ihre Erfahrungen mit radikalen Kontaktabbrüchen innerhalb der Familie – in den meisten Fällen geht es um Eltern-Kind-Beziehungen – zu schreiben. Es war die Idee, möglichst betroffene Eltern als auch möglicherweise Kinder in einem Band zu vereinen, um den Ursachen dieser oftmals für alle Beteiligten traumatischen Entwicklung nachzuspüren.

U. a. mit Autoren wie Peter Ettl, Gerald Jatzek, Frank Stückemann, Barbara Zeizinger, Peter Küstermann, Jürgen Zimmermann u. v. m.

Sandra Stubbe, suchtraum, Roman
chiliverlag 2015, ISBN 978-3-943292-28-2
140 Seiten, EURO 8,90

Anna ist jung und seit Jahren fest liiert. Sie hat es sich im Leben eingerichtet. Aus beruflichen Gründen muss sie mit Markus eine Wochenendbeziehung führen. Ihr Leben läuft in geordneten Bahnen – bis sie herausfindet, dass Markus eine Affaire hat. Annas bisherige Welt gerät ins Wanken. Während eines schmerzhaften Prozesses muss sie erkennen, dass sie sich seit Jahren selbst betrügt. Ihr Leben gerät aus den Fugen, als sie einsieht, dass nur ein Weg sie retten kann: die totale Befreiung von lähmenden Abhängigkeiten und die Übernahme von Verantwortung für sich selbst.

Herzschlaf, Gedichte & Kurzprosa
zu Trauer, Trost und Hoffnung, Hrsg. Franziska Röchter
Mit Fotos von Heike Großmann, Yves Drube u. a.
chiliverlag 2015, ISBN 978-3-943292-35-0
172 Seiten, EURO 13,90

Neue Gedichte und frische Kurzprosa von über 80 Autorinnen und Autoren der Gegenwart sowie einfühlsame Fotografien zum Themenkomplex Trauer, Trost und Hoffnung. Sie dürfen Texte oder Auszüge für Annoncen, persönliche Trauerkarten oder Kondolenzeinträge unter Angabe des Urhebers verwenden. Über 80 Gegenwartsdichter aus Deutschland, Österreich, Schweiz, Belgien und Ungarn, u. a. Michael Starcke, Esther Ackermann, Cyriel Gladines, Susanne Rasser, René Oberholzer, Horst Leiwig, Jürgen Völkert-Marten u. v. m.